TRAITÉ
DES DÉLITS,
DES PEINES
ET DES PROCÉDURES
EN MATIERE D'EAUX ET FORÊTS.

N. B. Cet ouvrage est utile aux membres des tribunaux et des cours de justice ; aux officiers et préposés de la direction générale de l'enregîtrement et des domaines et forêts ; aux propriétaires, usufruitiers, adjudicataires, usagers et riverains des bois, aux officiers des chasses, et autres personnes ayant le droit de chasse ; aux fermiers, porteurs de licence, et tous autres autorisés à pêcher dans les fleuves et les rivières.

A PARIS,

Chez

Henri LEGRAND, libraire, rue Neuve-des-Petits-Champs, n.º 32.

DEMONVILLE, imprimeur-libraire, rue Christine, n.º 2.

M.me HUZARD, rue de l'Éperon-Saint-André-des-Arts, n.º 7.

TRAITÉ
DES DÉLITS,
DES PEINES
ET DES PROCÉDURES
EN MATIÈRE D'EAUX ET FORÊTS,

O U

ANALISE méthodique et raisonnée des Lois, Arrêts, Règlemens et Décisions concernant les délits forestiers, les délits de chasse dans les bois, et de pêche dans les fleuves et rivières ; la manière de constater ces délits, les actions auxquelles ils donnent lieu ; la forme de procéder devant les tribunaux et les cours royales, les jugemens et arrêts, et leur exécution.

Par M. DRALET, chevalier de l'ordre royal de la Légion-d'Honneur, inspecteur principal des forêts dans le midi de la France.

TROISIÈME ÉDITION,

Corrigée et considérablement augmentée, notamment de près de deux cents Lois, Décisions, et Arrêts de la cour de cassation.

TOULOUSE,

Augustin MANAVIT, imprimeur du Roi.

1818.

L'auteur déclare, que tout exemplaire qui ne sera pas revêtu de la signature suivante, sera reconnu contrefait, et qu'il poursuivra devant les tribunaux tous contrefacteurs ou vendeurs d'édition contrefaite.

Alquier

SOMMAIRE
DE L'OUVRAGE.

PREMIÈRE PARTIE.

Des délits et des peines.

Chap. I.er Notions générales sur les délits dont il s'agit , et sur le genre de peines dont ils sont punis. Page 1

Chap. II. Des délits commis dans les forêts royales. 6

§. I.er Dispositions générales. 7

* Du sol des forêts royales. *Ibid.*

** Des produits des forêts royales. 9

§. II. Dispositions particulières. 29

* Riverains des forêts. *Ibid.*

** Usagers. 34

*** Marchands , adjudicataires , et employés aux exploitations. 49

**** Préposés de l'administration et officiers des chasses. 69

Chap. III. Des délits commis dans les bois des communes, des hospices et autres établissemens publics. 80

Chap. IV. Des délits commis dans les bois des particuliers. 90

ij

Chap. V. Des délits commis dans les bois communaux et des particuliers, sur lesquels
l'état a des droits. Page 101

Chap. VI. Des délits de chasse. 107

§. I.er Lois générales sur la chasse. *ib.*

§. II. De la chasse dans les bois et
forêts. 110

Chap. VII. Des délits de pêche dans les fleuves, rivières et ruisseaux. 119

DEUXIÈME PARTIE.

Des poursuites et des condamnations.

Chap. I.er, servant d'introduction à cette seconde Partie. 130

Chap. II. De la manière de constater les délits;
des personnes ayant qualité pour dresser
les procès verbaux, et de la main-forte.
132

§. I.er Gardes forestiers. 133

§. II. Gardes pêche. 141

§. III. Officiers forestiers et arpenteurs. 142

§. IV. Commissaires de police et autres
officiers de police judiciaire. 148

§. V. Maîtres et contre-maîtres de la
marine. 150

§. VI. Main-morte. *Ibid.*

Chap. III. Des procès verbaux. 152

§. I.er Rédaction des procès verbaux.
Page 155

§. II. Formalités nécessaires aux procès verbaux. 162

§. III. Remise des procès verbaux. 169

CHAP. IV. Des actions. 171

§. I.er Principes sur les actions résultant des délits en général. *Ibid.*

§. II. Actions auxquelles donnent lieu
les délits forestiers. 172

§. III. Actions résultant des délits de
chasse. 186

§. IV. Actions résultant des délits de
pêche. 188

CHAP. V. De la compétence des tribunaux. 190

§. I.er Des tribunaux de police. *Ibid.*

§. II. Des tribunaux de première instance. 193

CHAP. VI. Des citations. 195

§. I.er Citations devant les tribunaux
de police. *Ibid.*

§. II. Citations devant les tribunaux
de première instance. 197

CHAP. VII. Des audiences. 203

§. I.er Audiences des tribunaux de
police. *Ibid.*

§. II. Audiences des tribunaux de police correctionnelle. 205

iv

Chap. VIII. Des défauts et oppositions. 216

Chap. IX. Des jugemens. 219

§. I.er Jugemens du tribunal de police. *Ibid.*

§. II. Jugemens de première instance.
221

Chap. X. Des appels. 229

§. I.er Appels des jugemens de police.
Ibid.

§. II. Appels des jugemens correctionnels. 230

Chap. XI. Des manières de se pourvoir contre les arrêts ou jugemens. 242

§. I.er Des nullités de l'instruction,
et du jugement. *Ibid.*

§. II. Du recours en cassation.. 245

Chap. XII. De l'exécution des jugemens. 259

§. I.er Exécution des jugemens de
police. *Ibid.*

§. II. Exécution des jugemens corre-
tionnels. *Ibid.*

Chap. XIII. Des frais de poursuites et d'exécution. 270

Formules de procès verbaux. 277

TABLE

CHRONOLOGIQUE

DES LOIS, RÈGLEMENS, DÉCISIONS
ET ARRÊTS.

1333, 11 juin. Ordonnance de Philippe de Valois, sur les eaux, rivières et étangs.

1376, 11 juillet. *Idem*, de Charles V, sur les eaux et forêts.

1402, 11 septembre. *Idem*, de Charles VI, sur les eaux et forêts.

1512, 11 janvier. *Idem*, de Louis XII, sur les eaux et forêts.

1518, 21 janvier. *Idem*, de François I.er, sur les eaux et forêts.

1529, 11 janvier. *Idem*, du même, concernant les droits d'usage.

1540, 24 novembre. *Idem*, du même, sur la délivrance des bois aux usagers.

1554, 24 février. *Idem*, de Henri II, sur les eaux et forêts.

1583, 24 janvier. *Idem*, de Henri III, sur les eaux et forêts.

1587, 24 janv. Ordonnance de Henri III, sur les eaux et forêts.

1588, 24 avril. *Idem*, du même, sur les eaux et forêts.

1597, 13 nov. Règlement sur les eaux et forêts.

1601, 13 juin. Ordonnance de Henri IV, sur le fait des chasses.

— 4 sept. Règlement de la Table de Marbre, concernant les droits d'usages.

— 14 juin. *Idem*, sur le même objet.

— 25 juin. *Idem*, sur le même objet.

1669, août. Ordonnance de Louis XIV, sur les eaux et forêts.

1670, 24 nov. Déclaration concernant le recouvrement des amendes.

1689, 11 janv. Arrêt du conseil, qui oblige les adjudicataires de mettre à part les bois de bourdaine, pour le service des poudres et salpêtres.

1690, 3 décemb. *Idem*, concernant l'ouverture des carrières dans l'enclos, et aux reius des forêts domaniales.

1692, 29 mars. *Idem*, concernant les bois de marine.

1693, 24 fév. *Idem*, concernant le martelage et la conservation des bois propres au service de la marine.

1693, 2 mai. Arrêt du conseil, sur le même objet.

1700, 28 sept. *Idem*, sur le même objet.

1701, 28 juin. *Idem*, qui défend les défriche-mens dans les bois des communes, à peine de 1000 francs d'amende.

— 27 nov. *Idem*. concernant la pêche.

1705, 7 févr. *Idem*, sur les réserves à représenter par les adjudicataires.

1713, 7 nov. *Idem*, qui défend les défriche-mens dans les bois des communes.

1714, 13 nov. Déclaration concernant l'incendie dans les forêts, landes et bruyères.

1723, 9 août. Arrêt du conseil, qui défend d'établir des fourneaux, forges, martinets, verreries et augmentations de feu, sans autorisation.

1724, 16 mai. *Idem*, qui défend les défriche-mens dans les bois communaux.

1728, 23 mai. Déclaration sur le port d'armes.

— 29 juin. Arrêt du conseil qui défend aux usagers de mener leurs bestiaux, pendant cinq ans, dans les landes et bruyères où le feu a passé, et d'en approcher plus près de 2222 mètres (1000 toises)

1729, 4 jan. *Idem*, portant défense d'ouvrir des carrières dans les forêts, sans autorisation.

viij

1729, 22 fév. Arrêt du conseil, qui défend les défrichemens dans les bois et pâtis communaux.

1731, 28 août. *Idem*, concernant les landes et bruyères où le feu a passé.

1735, 29 mars. *Idem*, qui défend les défrichemens dans les bois et pâtis communaux.

— 6 août. *Idem*, qui défend de faire rouïr les chanvres et lins dans les rivières et étangs.

1737, 6 juillet. Ordonnance sur le faux.

1741, 13 juin. Arrêt du conseil, concernant les parties de bois incendiées.

— 25 août. *Idem*, sur le même sujet.

1749, 23 juill. *Idem*, qui défend à toutes personnes de couper aucun arbre futaie marqué pour le service de la marine, à peine de 3000 fr. d'amende et de confiscation.

1750, 28 janvier. *Idem*, qui défend de construire des moulins à scie, aux rives des forêts, sans autorisation du gouvernement.

1754, 23 juillet. *Idem*, concernant le martelage et la conservation des bois propres à la marine.

1756, 28 janv. Arrêt du conseil qui défend de faire rouir le chanvre et le lin dans les rivières.

1757, 1 mars. *Idem*, portant règlement pour la coupe des futaies.

— 1 *idem*. Règlement de la table de marbre concernant les droits d'usage.

1786, 16 décembre. *Idem*, concernant le martelage et la conservation des bois propres à la marine.

1789, 11 août. Décret portant suppression des chasses et autres droits féodaux.

— 3 nov. Proclamation pour la conservation des forêts et bois.

— 11 décem. Loi sur les délits qui se commettent dans les forêts et bois.

1790, 30 avril. *Idem*, concernant la chasse.

— 24 août. *Idem*, concernant l'organisation judiciaire.

— 25 décem. *Idem*, concernant la poursuite et la répression des délits forestiers.

1791, 22 juill. *Idem*, sur l'organisation de la police.

— 28 juil. *Idem*, sur les mines.

— 28 sept. *Idem*, concernant la police rurale.

— 29 septem. *Idem*, sur l'administration forestière.

a *

1792 , 25 août. Loi relative au droits féodaux.

1793, 30 juin. Décret concernant la vente des
bois communaux.

— 30 juill. *Idem*, concernant l'abolition
des droits exclusifs de la chasse et de
la pêche.

An 3, 20 mess. Loi qui ordonne l'établissement
des gardes champêtres dans toutes les
communes rurales.

— 16 fruc. *Idem*, qui défend aux tribunaux
de connaître des actes d'administration.

— 29 fruc. *Idem*, qui ordonne aux huissiers
de faire les significations de tous actes
et jugemens relatifs aux délits forestiers.

An 4, 3 brum. Code des délits et des peines.

— 8 therm. Arrêté du directoire exécutif,
qui prescrit des formalités pour les coupes extraordinaires des bois.

— 23 *id.* Loi concernant la répression des
délits ruraux et forestiers.

An 5, 28 vend. Arrêté du directoire exécutif,
qui interdit la chasse dans les forêts
nationales.

— 1 niv. *Idem*, concernant la perception
des amendes et confiscations.

An 5, 4 niv. Arrêté du directoire exécutif, concernant les perquisitions des bois coupés en délits ou volés.

— 5, niv. *Idem*, interprétatif de celui du premier dudit mois, concernant la perception des amendes et confiscations.

— 19 pluv. *Idem*, concernant la chasse aux animaux nuisibles.

— 3 fruc. *Idem*, qui casse celui par lequel l'administration centrale du département de l'Escaut avait ordonné une vente d'arbres.

An 6, 18 brum. Arrêt de la cour de cassation portant qu'un tribunal correctionnel, ne peut sur un procès verbal en règle, constatant qu'un adjudicataire n'a pas réservé le nombre de baliveaux prescrits par l'ordonnance, ordonner une visite d'experts pour reconnaître si les arbres réservés sont en suffisante quantité.

— 25 pluv. Arrêté du directoire exécutif, contenant des mesures pour prévenir les incendies dans les forêts nationales.

— 28 germ. Loi sur l'organisation de la gendarmerie.

— 28 mess. Arrêté du directiore exécutif, concernant la police du droit de pêche.

An 7, 22 frim. Loi sur l'enregitrement.

xij

An 7 , 3 pluv. Décision du ministre de la justice, concernant le recouvrement des amendes, pour délits forestiers.

— 16 germ. Arrêt de la cour de cassation, portant que les vols du bois exposés sous la foi publique, doivent être punis d'après le code pénal.

— 18 id. Loi relative au remboursement des frais de justice, en matière correctionnelle.

— 21 id. Arrêt de la cour de cassation, portant que les adjudicataires sont tenus de donner avis des accidens qui arrivent dans leurs coupes à peine d'en répondre.

— 20 prairial. *Idem*, portant que la simple fouille de sable dans une forêt est un délit.

An 8 , 25 frim. Loi sur le vol des choses reposant sur la foi publique.

— 18 vent. Arrêt de la cour de cassation, concernant l'enlèvement des herbages et des feuillages dans les bois.

— 27 id. Loi sur l'organisation des tribunaux.

— 3 prair. Arrêté du directoire exécutif, qui casse celui par lequel l'administration

centrale de Maine-et-Loire avait autorisé un abatis de bois.

An 9 , 16 niv. Loi relative à l'organisation d'une
nouvelle administration forestière.

— 7 pluv. *Idem*, relative à la poursuite des
délits en matière criminelle et correctionnelle.

— 7 prair. Instruction de l'administration ,
relative aux fonctions des conservateurs,
des inspecteurs et des sous-inspecteurs.

— 18 ther. Décision du ministre des finances , sur l'enregîtrement des commissions
délivrées aux préposés de l'administration
générale des eaux et forêts.

— 18 *id.* Décision du ministre de la justice ,
portant que les procès verbaux des gardes nationaux doivent être écrits sur
papier visé pour timbre en *débet*.

An 10 , 6 ven. Arrêt de la cour de cassation ,
portant que les gardes ne peuvent retirer
ni annuller les procès verbaux qu'ils ont
dressés , à peine de prévarication.

— 17 bru. Décision du ministre de la justice , portant que l'irrégularité d'un
procès verbal n'entraîne pas absolument
l'absolution des prévenus.

— 22 , *id.* Circulaire de l'administration ,
sur l'amende encourue par plusieurs gar-

des, lorsqu'un procès verbal, signé d'eux, est déclaré nul, à défaut de formalités.

An 10, 22 bru. Instruction pour les arpenteurs, publiée par l'administration.

— 9 frim. Décision du ministre de la justice, concernant l'authenticité des procès verbaux dressés par les officiers forestiers.

— 28 frim. *Idem*, portant que les officiers forestiers ne peuvent donner suite aux appels par eux interjetés, sans y avoir été autorisés.

— 29 *id.* Arrêté du gouvernement sur le mode de partage des bois d'affouage.

— 19 vent. *Idem*, concernant l'administration des bois des communes.

— 29 *id.* Arrêt de la cour de cassation, concernant la prohibition de la chasse dans les bois communaux.

— 5 germ. *Idem*, qui déclare les adjudicataires responsables des délits qui se commettent dans leurs ventes, passibles des amendes prononcées par la loi, et soumis à la juridiction des tribunaux correctionnels.

— 6 germ. *Idem*, portant que les adjudicataires ne pourront disposer à leur profit des arbres marqués pour la marine, sous les peines portées par les anciens règlemens.

An 10, 14 flor. Loi concernant la pêche , faisant partie de celle relative aux contributions indirectes de l'an 11.

— 28 flor. *Idem* , relative aux justices de paix.

— 29 flor. *Idem* , relative à la conservation des grandes routes, canaux et rivières navigables.

— 18 mess. Arrêté des consuls , relatif aux arbres des grandes routes et à ceux des canaux publics.

— 20 mess. Circulaire de l'administration , de laquelle il résulte que les procès verbaux des gardes communaux doivent être enregîtrés en débet.

— 1 ther. Lettre du ministre de la justice , aux commissaires du gouvernement près les tribunaux, au sujet des glands, faînes et autres fruits des arbres forestiers.

— 8 fruct. Circulaire du ministre de l'intérieur aux préfets, concernant les certificats d'indigence.

An 11 , 29 ven. Arrêté des consuls , portant défense de distraire de leur destination les arbres marqués pour le service de la marine.

An 11 , 3 brum. Arrêt de la cour de cassation , qui annulle un jugement en dernier ressort, en ce qu'il modérait une amende pour délit de bois, en contravention à l'ordonnance de 1669.

— 12 brum. *Idem*, portant que l'amende et la restitution au pied de tour sont encourues par ceux qui coupent des branches sur les arbres dans les forêts.

— 14 brum. *Idem*, portant que les délits de pâturage commis par des personnes non usagères, sont punies, d'après l'art. 10 du tit. 32 de l'ordonnance de 1669.

— 14 pluv. Lettre du grand-juge, portant que le ministère des avoués est interdit dans tous les procès qui intéressent le gouvernement.

— 18 vent. Décision du ministre des finances, concernant la poursuite des délits forestiers, réservée exclusivement aux officiers forestiers.

— 25 *id.* Instruction de l'administration relative aux coupes dans les bois des communes , des hospices et autres établissemens publics.

— 30 *id.* Code civil.

— 9 flor. Loi relative au régime des bois

appartenant aux particuliers , aux communes et aux établissemens publics.

Au 11 , 16 flor. Arrêt de la cour de cassation , concernant la prescription en matière de délits forestiers.

— 27 *id.* Circulaire de l'administration , relative à l'affirmation des procès verbaux des gardes.

— 28 *id.* Arrêté du gouvernement, concernant le martelage et l'exploitation des arbres de construction.

— 20 prair. Arrêt de la cour de cassation, portant que les dommages à prononcer pour délits commis dans les bois des particuliers , doivent être estimés de gré à gré , ou à dire d'experts.

— 21 prair. *Idem*, relatif à la chasse dans les bois communaux.

— 28 *id.* Circulaire de l'administration , relative à l'exercice du droit de pêche.

— 16 mess. Lettre du grand-juge aux commissaires du gouvernement près les tribunaux, concernant les frais de poursuites en matière de délits forestiers.

— 30 ther. Arrêt de la cour de cassation , portant que les actions, en matière de délits forestiers, doivent être portées immédiatement devant les tribunaux , par les officiers forestiers.

An 11, 20 fruct. Décision du ministre de la justice , sur la poursuite des délits commis dans les bois communaux.

— 25 *id.* Arrêté du gouvernement sur la réserve qui doit être faite des bois de bourdaine , pour la fabrication de la poudre.

— 4 compl. *Idem* , concernant l'inscription en faux.

An 12 , 7 vend. Circulaire de l'administration sur l'exploitation des carrières dans les forêts royales.

— 22 *id.* Arrêt de la cour de cassation, portant qu'un prévenu de délit de dépaissance ne peut être relaxé , sous le prétexte que le procès verbal ne constaterait point de dégât.

— 8 frim. Sénatus-consulte portant règlement sur l'administration des domaines affectés à la dotation du sénat et des sénatoreries.

— 16 *id.* Arrêt de la cour de cassation , portant qu'un procès verbal affirmé par deux gardes , n'a besoin , dans aucun cas , d'être appuyé d'un témoignage.

— 17 niv. Arrêté du gouvernement , re-

latif à la pêche dans les fleuves et rivières navigables.

An 12, 11 pluv. Loi sur les engagemens et
échanges des bois nationaux.

— 16 vent. Décison du grand-juge, ministre de la justice, concernant l'authenticité des procès verbaux dressés
par les officiers forestiers.

— 28 *id.* Arrêté du gouvernement, concernant l'administration des bois compris dans la dotation de la légion d'honneur.

— 28 flo. Circulaire de l'administration,
concernant la coupe de futaie dans les
bois des particuliers.

— 1.er mes. *Idem*, concernant les états à
dresser par les officiers forestiers, rela-
tivement aux délits, condamnations et
recouvremens.

— 30 *id.* Arrêt de la cour de cassation,
portant qu'un procès verbal affirmé par
deux gardes n'a besoin, dans aucun cas,
d'être appuyé d'un témoignage.

— 1.er therm. *Idem*, portant que le seul
fait d'introduction des bestiaux dans les
forêts, est un délit.

— 1 therm. *Idem*, portant que les usagers
dans les bois devenus nationaux ne peu-

vent, en vertu de leurs titres, y faire paître leurs bêtes à laine.

An 12, 22 therm. Arrêt de la cour de cassation, portant que la restitution est égale à l'amende pour tout délit, et, par conséquent, pour les baliveaux coupés en délit.

— 8 fruct. Décret qui fixe les attributions du grand-veneur de la couronne.

An 13. 27 vendém. Arrêt de la cour de cassation, portant que les usagers dans les bois de l'état ne peuvent y couper aucun arbre sans permission ni délivrance préalables.

— 16 frim. Décision du ministre des finances, concernant les propriétaires des moulins à scie.

— 1.er niv. Arrêt de la cour de cassation, portant qu'il n'y a pas de délai de rigueur pour compléter la preuve d'un délit forestier.

— 17 id. Décret concernant le droit de parcours et de pâturage.

— 5 pluv. Loi relative à la diminution des frais de justice, en matière criminelle et de police correctionnelle.

— 27 id. Avis du conseil d'état, portant que le droit de pêche sur les rivières non navigables doit être exercé par les propriétaires riverains.

An 13, 1.er germ. Circulaire de l'administration générale des eaux et forêts, concernant la signification des jugemens.

— 14 ger. Arrêt de la cour de cassation, portant que la prescription pour la poursuite des délits forestiers, se règle d'après la loi du 29 septembre 1791.

— 29 ger. *Idem*, portant qu'un particulier ne peut défricher deux hectares de bois faisant partie d'un bois plus considérable.

— 16 flor. Décret qui étend à 15 myriamètres le rayon dans lequel l'administration des poudres et salpêtres est autorisée à faire la recherche des bois de bourdaine.

— 26 flor. *Idem*, portant que les usagers pour les pâturages dans les forêts ne peuvent user de leurs droits que dans les bois déclarés défensables, et qu'après avoir rempli les formalités prescrites par le titre XIX de l'ordonnance de 1669.

— 2 mes. *Idem*, portant que toute question préjudicielle, résultant d'un contrat, doit être renvoyée au tribunal civil.

xxij

An 13, 8 therm. Arrêt de la cour le cassation, portant que l'identité des bois trouvés chez un particulier, doit être constatée par un rétoquage.

An 14, 11 vendém. *Idem*, portant que les délits d'enlèvement de bois dans les taillis appartenant aux communes, doivent être punis d'après le code rural.

— 6 brum. Instruction du grand-juge, ministre de la justice, sur l'exécution de la loi du 5 pluviôse-an 13, relative à la diminution des frais de justice en matière de police et de police correctionnelle.

— 17 *id.* Arrêt de la cour de cassation, portant que la pêche est défendue depuis le coucher jusqu'au lever du soleil.

— 18 *id.* Avis du conseil d'état sur plusieurs questions relatives aux droits de pâturage et de parcours.

— 22 *id.* Décision du conseil d'état sur les maisons et ateliers à démolir ou à conserver dans le voisinage des forêts.

— 8 frimaire. Arrêt de la cour de cassation, portant que les procès verbaux des agens supérieurs ne font foi que lorsque la condamnation ne doit pas excéder

100 fr. , et que l'interprétation des actes dont excipe le prévenu , lorsqu'il en résulte une question préjudicielle , appartiennent aux tribunaux civils.

An 14 , 2 nivôse. Décret qui interdit l'usage et le port des fusils et pistolets à vent.

— 6 *idem*. Arrêt de la cour de cassation, suivant lequel les gardes généraux et particuliers peuvent donner des assignations , et faire tous exploits et significations relatifs aux jugemens rendus en matière d'eaux et forêts.

1806 , 6 janv. *Idem*, portant que la condamnation doit être prononcée au mètre de tour , pour le fagot ou la fouée , lorsqu'elle est composée de jeunes arbres coupés au pied.

— 16 *idem* , portant que le domicile du délinquant fixe la compétence des tribunaux aussi bien que le lieu du délit , et que le *visa* pour timbre est une formalité intrinsèque à la validité.

— 6 février , *idem*, portant que celui qui n'a pas été partie en première instance , n'est pas recevable en cause d'appel.

— 21 fév. *Idem* , portant , entre autres choses , que l'adjudicataire qui ne représente pas son regître de vente, est passible de la condamnation portée par l'ordonnance, et qu'un adjudicataire est responsable de sa vente, jusqu'à ce qu'il ait obtenu décharge définitive.

1806, 24 fév. Décret sur le règlement des frais de justice.

— 12 mars. *Idem*, qui interdit l'usage des armes offensives, cachées et secrettes.

— 22 *idem*. Loi attributive de la poursuite aux officiers supérieurs de l'administration forestière.

— 26 *idem*. Arrêt de la cour de cassation, portant que le délai pour se pourvoir en cassation ne commence à courir que le lendemain de la prononciation de l'arrêt attaqué.

— 28 mars. *Idem*, portant que la question préjudicielle résultant de l'interprétation d'un cahier des charges, doit être renvoyée devant l'autorité compétente.

— 4 avril. *Idem*, portant qu'un procès verbal dressé par un garde contre un adjudicataire de coupe de bois, peut être poursuivi sans attendre le récolement.

— 20 *idem*. Code de procédure civile.

1806, 29 avril. Loi qui prescrit des mesures relatives à la procédure en matière criminelle et correctionnelle.

— 26 mai. Circulaire de l'administration, concernant les appels et pourvois en cassation.

— 19 août. Décision du grand-juge ministre de la justice, concernant les extraits des jugemens prononcés en matière d'eaux et forêts.

— 3 sept. Circulaire de l'administration des eaux et forêts, sur le même objet.

— 20 octobre. Arrêt de la cour de cassation, portant que l'introduction des bestiaux dans une forêt non déclarée défensable, est un délit, lors même qu'il n'y a point eu de dommage.

— 4 décembre. *Idem*, portant, que lorsqu'un procès verbal présente quelque vice de forme, les faits avérés par l'instruction doivent être pris pour constans.

— 19 déc. *Idem*, portant que l'amende et la restitution pour baliveaux manquans dans une coupe de bois, se règlent d'après l'ordonnance de 1669, et non à dire d'experts.

1807, 8 janv. *Idem*, portant que le délai pour l'affirmation ne court que du

b

moment où le procès verbal a été clôturé.

1807, 23 janv. Arrêt de la cour de cassation, portant que les procès verbaux dressés par les gardes ventes, pour délits commis à l'ouïe de la cognée, doivent être remis aux officiers forestiers dans les délais prescrits.

— 16 février. *Idem*, portant que les bois de délits saisis dans les forêts communales, doivent être vendus au profit de l'état, lorsque les auteurs du délit n'ont pas été connus.

— 16 février. Décret portant taxe des actes faits par les huissiers des juges de paix.

— 27 *idem*. Arrêt de la cour de cassation, portant qu'aucune exploitation dans les bois communaux ne peut être faite que dans l'intérêt commun de tous les habitans.

— 9 avril. *Idem*, portant que les fausses marques appliquées sur les arbres dans les forêts, sont du ressort des cours criminelles spéciales.

— 16 avril. *Idem*, concernant l'enlèvement des feuillages dans les bois.

— 17 avr. *Idem*, portant que l'action pour malversation constatée par un procès

verbal de récolement, doit être intentée dans les trois mois.

1807, 25 avril. Arrêt de la cour de cassation,
portant que les citations pour affaires
de police correctionnelle, peuvent être
faites les jours fériés.

— 29 mai. *Idem*, duquel il résulte que
la coupe des bois, après le 15 avril,
doit être punie d'amende et de confiscation.

— 18 juin. *Idem*, portant que le défaut
d'autorisation ne rend pas nul l'appel
interjeté par un officier forestier.

— 6 août. *Idem*, portant que les adjudicataires peuvent être poursuivis pour
délits constatés par procès verbaux avant
le récolement, etc.

— 25 *idem*. Décision du ministre des finances, concernant le recouvrement des
dommages-intérêts, et restitutions adjugées aux communes.

— 3 sept. Arrêt de la cour de cassation,
portant que la loi du 29 septembre
1791 règle les délais dans lesquels doivent être dirigées les poursuites contre
les particuliers qui ont coupé des arbres
de futaie sans déclaration.

— 7 sept. Circulaire de l'administration

xxviij

des domaines , concernant le recouvrement des dommages-intérêts , et restitutions adjugées aux communes.

1807 , 18 sept. Avis du conseil d'état , relatif
aux arbres marqués pour le service de
la marine dans les bois des particuliers.

— 9 octobre. Arrêt de la cour de cassation , portant qu'un adjudicataire est
responsable des délits commis dans sa
coupe , jusqu'à ce qu'il ait obtenu une
décharge définitive.

— 16 oct. *Idem* , portant que la défense
de faire paître les chèvres et les brebis
dans les forêts , est d'ordre public , et
qu'elle ne peut être couverte par le
consentement ou le silence des propriétaires.

— 30 oct. *Idem* , portant que l'arrachis des
arbres avec leurs racines , lorsqu'il n'est
pas autorisé par le cahier des charges ,
est un délit de la compétence des tribunaux de police correctionnelle.

— 5 novemb. *Idem* , concernant l'introduction des chèvres et des bêtes à laine
dans les bois des particuliers.

— 6 nov. *Idem* , portant que les arpenteurs
forestiers ont qualité pour constater les
délits.

1807, 19 novembre. Arrêt de la cour de cassation, concernant l'enlèvement des herbages et des feuillages dans les forêts.

1808, 3 janvier. *Idem*, relatif à l'exécution de la loi du 9 floréal an 11, concernant les défrichemens.

— 8 janv. *Idem*, relatif à la prescription en matière de délits de défrichement.

— 22 janv. *Idem*, relatif à la peine de restitution qu'entraînent les délits de pâturage.

— 28 janv. *Idem*, concernant la prohibition de la chasse dans les forêts communales.

— 28 janv. *Idem*, portant que les tribunaux doivent prononcer la restitution, lors même qu'il n'en serait pas fait mention dans les conclusions des officiers forestiers.

— 11 février. *Idem*, relatif à la restitution qu'entraînent les délits de dépaissance.

— 12 fév. *Idem*, concernant la chasse dans les bois des particuliers.

— 19 fév. *Idem*, portant que les contraventions aux lois et règlemens concernant le port d'armes, sont de la compétence de la police correctionnelle.

1808, 11 mars. Arrêt de la cour de cassation, concernant la prestation de serment des gardes.

— 17 mars. *Idem*, portant que le procureur général peut se rendre appelant d'un jugement par défaut, rendu en police correctionnelle avant le délai de l'opposition expiré.

— premier avril. *Idem*, sur les quartiers qui doivent être déclarés défensables dans les bois.

— *Idem*. Décret portant taxe des significations faites par les gardes forestiers.

— 7 avril. Arrêt de la cour de cassation, portant que ce qu'un adjudicataire a laissé de trop sur les arbres à lui adjugés, ne doit point entrer en compensation avec ce qu'il a laissé de moins sur ceux réservés.

— 8 avril. *Idem*, portant que la notification d'un procès verbal de délit ne suffit pas pour interrompre la prescription.

— 15 avril. *Idem*, concernant l'enlèvement des herbages et feuillages dans les bois.

— 21 avril. *Idem*, portant que celui qui

est trouvé dans une forêt avec des bois de délit, est auteur du délit.

1808, 29 avril. Arrêt de la cour de cassation, portant qu'une citation régulièrement donnée dans les délais, suffit pour interrompre la prescription.

— 27 mai. *Idem*, portant que les délits commis dans les bois des particuliers, sont soumis à la police correctionnelle.

— 6 juin. *Idem*, qui fixe l'époque à laquelle commence, en certains cas, la prescription.

— 10 juin. *Idem*, portant que les particuliers doivent intenter, dans le délai d'un mois, l'action en réparation des délits commis dans leurs bois.

— 11 juin. *Idem*, concernant la responsabilité.

— 23 août. *Idem*, concernant l'exercice des droits d'usage.

— 3 septembre. *Idem*, Sur le même objet.

— 3 sept. *Idem*, concernant l'introduction des chèvres et bêtes à laine dans les bois des particuliers.

— 5 sept. *Idem*, concernant la poursuite faite par l'administration, d'un délit de dépaissance de bêtes à laine dans les bois des particuliers.

xxxij

1808, 5 septembre. Arrêt de la cour de cassation, concernant l'insuffisance du procès verbal d'un garde, pour constater un délit dont la peine excède 100 francs.

— 8 octobre. *Idem*, concernant les herbages et les feuillages.

— 13 oct. *Idem*, concernant la chasse dans les bois des particuliers.

— 21 oct. *Idem*, concernant l'insuffisance du procès verbal d'un garde, pour constater un délit dont la peine excède 100 francs.

— 17 novembre. Code d'instruction criminelle.

1809, 20 février. Arrêt de la cour de cassation, concernant les délits de pâturage.

— 20 fév. *Idem*, portant que l'amende ne peut être moindre de 100 francs, lorsqu'un délit de pêche a été commis avec des filets prohibés.

— 2 mars. *Idem*, concernant l'exercice du droit de pêche de la part des propriétaires riverains des ruisseaux et rivières non navigables.

— 8 mars. Circulaire de l'administration, prescrivant de déposer aux greffes des tribunaux les armes et outils saisis sur les délinquans.

1809 , 24 mars. Arrêt de la cour de cassation , concernant la prescription des délits.

— 24 mars. *Idem* , portant que le faux ne peut être poursuivi qu'ensuite d'une inscription proprement dite , et d'un jugement d'admission prononcé par le tribunal de première instance , devant lequel la déclaration a été faite.

— 7 avril. *Idem* , portant que la question de propriété n'est pas recevable contre l'action correctionnelle , lorsque le fait imputé au prévenu est déjà un délit aux yeux de la loi.

— 9 avril. *Idem* , concernant l'enlèvement des herbages et feuillages dans les forêts.

— 15 avril. *Idem* , portant que la prescription de trois mois s'étend aux actions résultantes des procès verbaux de récolement , constatant des délits.

— 5 mai. *Idem* , portant que la nullité prononcée par la loi , ne concerne point les exploits enregitrés en temps opportun , dans un bureau autre que celui de la résidence de l'huissier ou de la partie assignée.

— 5 mai. *Idem* , portant que les nullités relatives aux exploits de citation doivent être proposées *in limine litis.*

1809, 13 mai. Arrêt de la cour de cassation, portant que le défaut d'autorisation ne rend pas nul l'appel interjeté par un officier forestier.

— 18 mai. *Idem,* portant que les tribunaux ne peuvent étendre les règlemens particuliers, hors le territoire pour lequel ils ont été rendus.

— 1 juin. Décision du ministre de la justice, concernant les visites domiciliaires.

— 7 *id.* Circulaire de M. le conseiller d'état directeur général de l'administration, concernant l'affirmation des procès verbaux.

— 2 *id.* Arrêt de la cour de cassation, portant que la simple déclaration de l'officier, portant que l'acte lui a été présenté ne peut tenir lieu d'affirmation.

— 8 juin. *Idem,* portant qu'à défaut de procès verbal, un délit peut être constaté par témoins.

— 19 *id.* Décret qui assigne une place aux agens forestiers à la suite du parquet des procureurs du Roi.

— 30 juil. Arrêt de la cour de cassation, portant que lorsque la chasse est affermée dans un bois communal, le fermier ou la partie publique peuvent seuls intenter l'action contre ceux qui portent atteinte au droit du fermier.

1809, 18 août. Arrêt de la cour de cassation, concernant la démolition des bâtimens construits dans le voisinage des forêts.

— 26 août. *Idem*, portant que quiconque a allumé du feu dans les forêts, doit supporter toutes les peines prescrites par l'ordonnance.

— 1.er sep. *Idem*, concernant l'affirmation des procès verbaux.

— 20 *id.* Décret portant qu'il y a lieu à contrainte par corps pour le paiement des frais de justice correctionnelle.

— 12 oct. Arrêt de la cour de cassation, sur le retocquage ou réapatronage des bois trouvés chez un prévenu.

— 12 oct. *Idem*, portant que l'exploit de citation n'est pas nul parce qu'il n'est pas précédé de la copie de l'acte d'affirmation du procès verbal.

— 13 oct. *Idem*, portant que l'affouager ne peut faire aucun trafic des bois qui lui ont été délivrés.

— 13 *id.* Décision de Son Exc. le ministre des finances, portant que les bois saisis dans les forêts communales doivent être vendus au profit de l'état, lorsque les auteurs du délit n'ont pu être reconnus.

1809, 19 oct. Arrêt de la cour de cassation, portant que le procès verbal d'un délit, dont la peine excède 100 fr. , fait foi en justice, s'il est signé d'un garde et d'un témoin.

— 3 nov. *Idem* , portant qu'un procès verbal de perquisition n'est pas nul quoique cette perquisition ait été faite sans l'assistence d'un officier municipal.

— 28 *id.* Décision de S. Exc. le ministre des finances , relative à l'enregitrement des procès verbaux.

1810, 12 fév. Code pénal.

— 22 *id.* Circulaire , n.° 411 , concernant la faculté qu'ont les gardes de faire enregitrer leurs procès verbaux au bureau le plus voisin de leur résidence.

— 17 mars. Arrêt de la cour de cassation, portant que les tribunaux ne peuvent admettre la preuve contre ce qui est porté par un procès verbal régulier.

— 17 mars. *Idem*, portant que le garde qui a affirmé son rapport devant le maire du lieu où il a découvert le corps du délit, a rempli le vœu de la loi.

1810, 22 mars. Arrêt de la cour de cassation, portant que le jugement qui ordonne la preuve de fait non contraire au contenu du procès verbal, n'est pas susceptible d'appellation.

— 22 mars. *Idem*, portant que les juges doivent appliquer les peines prononcées par la loi, quoique différentes de celles demandées par les conclusions.

— 23 mars. *Idem*, portant que le tribunal ne peut admettre un prévenu à prouver que le fait constaté par un procès verbal, n'est pas un délit.

— 13 avril. *Idem*, portant que la prescription ne commence à courir contre les fonctionnaires publics, dont la mise en jugement doit être précédée d'une autorisation spéciale, qu'à partir du moment où l'agent forestier a eu connaissance de cette autorisation.

— 19 avril. *Idem*, portant que la coupe des arbres sur pied dans les bois des communes et des particuliers, ne doit pas être considérée comme un délit de vol ou maraudage prévu par le code rural; mais que quiconque s'en rend coupable, est passible des peines portées par l'ordonnance de 1669.

xxxviij

1810, 19 juil. Décret qui défend l'enlèvement des feuilles mortes dans les bois.

— 20 *id.* Arrêt de la cour de cassation, portant que laprohibition des pacages des moutons et brebis dans les forêts de l'état s'applique également aux bois des particuliers.

— 20 juil. *Idem*, portant qu'un adjudicataire qui n'a point fait procéder au souchetage, ne peut être admis à prouver que les arbres manquant dans la vente avaient été coupés avant l'adjudication.

— 26 juil. *Idem*, portant que lorsqu'il y a preuve d'un premier procès verbal de récolement, la prescription court du jour de cet acte ; et qu'elle ne peut être interrompue par un second récolement.

— 2 août. *Idem*, portant que la peine encourue par les adjudicataires pour coupe de bois de réserve, ne doit pas être réglée au pied de tour.

— 2 août. *Idem*, portant quel'on peut faire appel d'un jugement, qui avant de faire droit, ordonnerait le mesurage de la circonférence des arbres de délits, lorsque la peine encourue n'est pas déterminée au pied de tour.

1810, 31 août. Arrêt de la cour de cassation, portant que le tribunal de première instance, devant lequel a été faite une inscription de faux incident, doit juger l'admissibilité des moyens.

— 1.er sep. Circulaire contenant des mesures pour prévenir les abus qui résultent de la libre exposition en vente, dans les foires et marchés des plants d'essence forestière.

— 7 *id.* Arrêt de la cour de cassation, portant qu'il a été satisfait à la loi concernant les appellations par les dispositions de la circulaire de l'administration, n.º 57.

— 10 oct. Décision de S. Exc. le ministre des finances, portant que les bois saisis dans les forêts communales doivent être vendus au profit de l'état, lorsque les auteurs du délit n'ont pu être reconnus.

— 2 nov. Deux arrêts de la cour de cassation, portant que l'introduction de nouveaux adjudicataires dans une coupe non vidée ni récolée, ne met pas à l'abri les premiers adjudicataires, des poursuites pour raison des baliveaux manquans.

— 3 *id.* Arrêt de la cour de cassation, portant que les tribunaux de police correctionnelle doivent juger des faits d'exception qui peuvent être appréciés par des moyens étrangers à l'interprétation d'un contrat.

1810, 9 nov. Arrêt de la cour de cassation, qui rejette le recours en cassation en matière de police correctionnelle, à raison de l'insuffisance de l'amende consignée.

— 9 nov. *Idem*, portant que les bâtimens nouvellement élevés aux rives des forêts, doivent être démolis lorsqu'ils ne se trouvent pas à la distance fixée par l'ordonnance.

— 26 nov. *Idem*, portant que lorsqu'il existe un premier procès verbal de récolement, la prescription en faveur d'un adjudicataire ne peut être interrompue par un second récolement.

— 1.er décem. *Idem*, portant que la pêche à la ligne dormante est prohibée à ceux qui ne sont ni fermiers ni porteurs de licence.

— 6 déc. *Idem*, portant que la peine de l'emprisonnement doit être prononcée contre celui qui a allumé du feu dans une forêt, bien qu'il n'ait causé aucun dommage.

— 6 déc. *Idem*, portant que la disposition

de l'ordonnance qui réduit à 10 francs l'amende pour baliveaux de l'âge, ne peut, en aucun cas, s'appliquer pour des modernes.

1810 , 7 déc. Arrêt de la cour de cassation, portant que le droit de passage qu'on pourrait avoir dans un bois, ne peut être exercé si on n'a préalablement demandé et obtenu la désignation d'un chemin.

— 20 déc. Idem , qui assimile les pêcheries appelées trébuchets aux engins défendus, et porte qu'on ne peut en établir même sur les canaux qui reçoivent leurs eaux des rivières publiques et privées.

1811 , 9 fév. Idem , portant qu'il n'est pas au pouvoir des tribunaux de proroger l'époque fixée à un adjudicataire pour vider la vente.

— 9 fév. Idem , portant que ceux qui achètent des gardes forestiers le bois enlevé dans les layes, doivent être condamnés comme complices.

— 9 fév. Idem , portant que lorsqu'un procès verbal a été affirmé le lendemain de sa date, sans énonciation d'heure, on doit présumer que cette formalité a été remplie dans le délai légal.

— 9 fév. Idem , portant que les procès

verbaux des gardes généraux ne sont pas sujets à la formalité de l'affirmation.

1811, 15 fév. Arrêt de la cour de cassation, portant qu'un riverain d'une forêt ne peut en couper les branches qui gènent ou ombragent ses propriétés.

— 22 fév. *Idem*, portant qu'une forêt est tenue en défens, tant qu'elle n'a pas été déclarée défensable par l'autorité compétente, et que le code rural ne peut s'appliquer aux délits de dépaissance dans les futaies des communes.

— 23 fév. *Idem*, portant que les contraventions aux lois sur le port-d'armes sont de la compétence des tribunaux de première instance.

— 1.er mars. *Idem*, portant qu'un procès verbal signé et affirmé par un garde forestier et un garde champêtre fait foi jusqu'à inscription de faux.

— 8 *id.*. Décret relatif à la chasse et au port-d'armes.

— 11 *id.* Arrêt de la cour de cassation, portant que la seule voie ouverte contre un procès verbal de récolement régulièrement fait, est celle de l'inscription de faux.

— 23 mars. *Idem*, portant que lorsqu'il

existe un premier récolement, celui pos-
térieur n'interrompt point la prescription.

1811, 23 mars. Arrêt de la cour de cassation,
portant que le dommage occasionné dans
une vente par les usagers en écuissant et
éclatant les souches, est un véritable
délit forestier.

— 28 mars. *Idem*, portant que la prescription commence à courir de la date
du premier procès verbal de récolement,
lors même qu'il en a été fait un second.

— 29 mars. *Idem*, portant que les gardes
généraux ne sont pas obligés d'affirmer
leurs procès verbaux.

— 5 avril. *Idem*, portant que l'action correctionnelle n'est point éteinte par la
mort de l'adjudicataire délinquant à l'é-
gard de ses cautions.

— 16 avril. *Idem*, concernant l'affirmation des procès verbaux.

— 8 mai. *Idem*, portant que le ministère
public usant de la faculté d'appeler,
doit notifier son recours au prévenu dans
le délai prescrit, à peine de déchéance.

— 24 mai. *Idem*, portant que toute nullité
d'exploit est couverte si elle n'a été pro-

posée avant toute défense ou exception,
autre que celle de l'incompétence.

1811, 24 mai. Arrêt de la cour de cassation,
portant que l'adjudicataire ne peut, sans
délit, disposer du bois de sa vente qu'il
n'a pas vidée dans le temps prescrit,
sous le prétexte d'une prorogation de
délai accordée par un agent forestier.

— 18 juin. Décret contenant règlement sur
l'administration de la justice en matière
criminelle, correctionnelle et de simple
police, et tarif général des frais.

— 19 juil. Arrêt de la cour de cassation,
portant que le décret du 19 juillet 1810
qui prohibe l'enlèvement des feuilles
mortes dans les forêts, est applicable
aux bois des communes et des établissemens publics et aux usagers.

— 20 juil. Circulaire de l'administration,
concernant l'enlèvement des feuilles mortes dans les forêts.

— 1.ᵉʳ août. Arrêt de la cour de cassation,
portant que les défenses de faire paître
les chèvres dans les forêts sont applicables aux boucs.

— 2 août. *Idem*, portant que la peine encourue par les adjudicataires pour coupe

de bois de réserve ne doit pas être réglée au pied de tour.

1811, 16 août. Arrêt de la cour de cassation, portant que les adjudicataires ne peuvent s'approprier, sous quelque prétexte que ce soit, les arbres marqués en réserve.

— 6 sept. *Idem*, relatif à la complicité en matière de délits forestiers.

— 23 *id.* Décision du ministre de la justice, portant que lorsqu'un condamné pour délit forestier est emprisonné à la requête de l'administration, elle n'est point obligée de consigner les frais de nourriture.

— 10 oct. Circulaire de l'administration, n.º 456, concernant les extraits et expéditions des jugemens délivrés par les greffiers aux agens forestiers.

— 15 oct. Arrêt de la cour de cassation, portant qu'aucune loi n'impose aux gardes l'obligation de confronter les bois trouvés chez les particuliers avec les souches de ceux trouvés en délit, lorsque l'essence et la grosseur des uns et des autres se trouvent absolument pareilles.

— 13 décem. *Idem*, portant que l'on ne peut introduire les bestiaux même dans xlvj

les parties non boisées d'un triage en défens.

1811, 27 décem. Arrêt de la cour de cassation, portant que le délai de trois mois, fixé pour la poursuite des délits, se compte de quantième en quantième.

— 30 décem. *Idem*, portant que le tribunal doit admettre la preuve testimoniale d'un délit, offerte par l'administration, lorsque le procès verbal qui constatait ce délit a été déclaré nul.

1812, 7 janv. Circulaire de l'administration, n.º 461, portant envoi d'une instruction approuvée par le ministre des finances, concernant le recouvrement des amendes.

— 4 fév. Avis du conseil d'état, portant que l'art. 484 du code pénal ne déroge point aux lois forestières.

— 13 *id.* Arrêt de la cour de cassation, portant que toute coupe de broussailles et genièvres dans les bois appartenant aux établissemens publics, est un délit si elle n'a été autorisée par l'administration.

— 20 fév. *Idem*, portant que les délits pour enlèvement de plants et de sable dans les forêts doivent être punis des peines portées par les art. 11 et 12 du tit. 27 de l'ordon. de 1669.

1812, 20 fév. Arrêt de la cour de cassation, portant que l'on ne peut pêcher avec un engin défendu dans une rivière non navigable, sans encourir la peine portée par l'art. 10 du tit. 31 de l'ordonnance de 1669.

— 20 fév. *Idem*, portant qu'un délit de pêche dans une rivière particulière peut être poursuivi par le ministère public, sans qu'il y ait eu plainte de la part des personnes intéressées.

— 20 fév. *Idem*, portant que le délit de dépaissance dans une forêt de pins et autres arbres résineux, appartenant à une commune, doit être puni d'après les dispositions de l'ordonnance de 1669 et non d'après le code rural.

— 16 mars. Lettre de l'administration sur le mode de paiement des frais de justice.

— 4 mai. Décret contenant des dispositions pénales contre quiconque chasse sans être muni d'un port d'armes.

— 9 mai. Arrêt de la cour de cassation, portant que les art. 445 et 455 du code pénal n'ont point dérogé aux dispositions de l'ordonnance de 1669.

1812, 28 mai. Arrêt de la cour de cassation, portant que lorsqu'un délit a été commis la nuit, l'amende doit être prononcée double, sans qu'il soit besoin d'aucune autre circonstance aggravante.

— 12 juin. *Idem*, portant que lorsque le tronc d'un arbre a été enlevé par le délinquant, sa circonférence doit être mesurée sur la souche.

— 14 août. *Idem*, portant que la prohibition portée par l'art. 12 du titre 32 de l'ordonnance de 1669, est applicable aux genêts coupés dans les bois soumis à la surveillance de l'administration.

— 14 août. *Idem*, portant que l'enlèvement de l'empreinte des marteaux de l'état, servant aux marques forestières, constitue le crime de faux, lorsqu'il y a été procédé dans le dessein de s'approprier les arbres marqués.

— 20 août. *Idem*, portant que la pêche, faite avec des engins défendus dans une rivière non navigable ou dans un ruisseau, est un délit passible des peines portées par l'art. 10 du titre 31 de l'ordonnance.

1812, 27 août. Arrêt de la cour de cassation, qui précise les délits commis dans les bois des particuliers, qui peuvent être poursuivis par les officiers forestiers.

— 8 oct. *Idem*, portant que l'obligation de déclarer les arbres futaies dont les propriétaires projettent la coupe, n'est pas restreinte à la distance fixée par l'ordonnance de 1669.

— 9 *id.* Circulaire de l'administration, n.º 480, portant que les officiers forestiers ne doivent pas faire notifier les pourvois en cassation.

— 23 *id.* Arrêt de la cour de cassation, portant qu'une personne chez laquelle on trouve une partie des arbres coupés en délit, est responsable des peines encourues pour le tout, si elle ne déclare pas ses complices.

— 3 nov. *Idem*, portant que l'administration peut faire validement une demande en paiement de surmesure, lors même qu'il s'est écoulé une année depuis l'adjudication.

— 13 nov. *Idem*, portant qu'outre l'amende pour les délits de pâturage, les tribunaux doivent prononcer la restitution et les dommages-intérêts, conformément à l'art. 8 du titre 32 de l'ordonnance de 1669.

1812, 21 nov. Arrêt de la cour de cassation, portant qu'un usager ne peut exercer le droit de marronage dans les forêts d'un particulier, sans en avoir préalablement obtenu la délivrance.

— 11 déc. *Idem*, portant que l'enlèvement des mottes et bruyères, fait dans une forêt, est passible des peines portées par l'art. 12 du titre 27 de l'ordonnance de 1669.

— 12 déc. *Idem*, portant que le trafic que les gardes font de leurs fonctions est un crime dont la connaissance appartient aux cours d'assises.

1813, 23 janv. Arrêt de la cour de cassation, portant que la coupe faite par un adjudicataire dans les bois taillis d'un particulier après le 15 avril, est un délit passible de l'amende prononcée par l'ordonnance.

— 19 mars. *Idem*, portant qu'aucune loi n'impose l'obligation de confronter les bois trouvés chez les particuliers avec les souches de ceux coupés en délit, lorsque l'essence et la grosseur des uns et des autres se trouvent absolument pareilles.

1813, 2 juil. Arrêt de la cour de cassation, portant que le père est responsable des délits commis par ses enfans, lors même qu'ils sont âgés de moins de seize ans.

— 7 avril. Décret relatif aux frais de justice.

— 15 juil. Lettre de l'administration, portant que les gardes peuvent, d'après le mandat du procureur du Roi, faire l'arrestation des condamnés.

— 21 oct. Arrêt de la cour de cassation, portant que l'application d'une fausse marque à l'aide de quelque instrument que ce soit, avec l'intention de la faire passer pour la marque de l'état, constitue le crime de falsification.

— 29 oct. *Idem*, portant que la peine portée par l'art. 15 du titre 31 de l'ordonnance de 1669 s'applique sans distinction au batelier conduisant actuellement son bateau, et à celui dont le bateau est amarré.

1814, 7 janv. *Idem*, portant que les tribunaux doivent prononcer autant d'amendes, qu'il y a de personnes trouvées amassant des herbages ou autres choses prohibées dans les forêts.

1814, 14 juil. Arrêt de la cour de cassation, portant que les fermiers de la pêche ne sont pas responsables des amendes encourues par les particuliers, à qui ils ont donné licence de pêcher dans leurs cantonnemens.

— 15 août. Ordonnance du Roi, relative à la police des chasses et à la louveterie.

— 20 *id.* Règlement relatif aux chasses, approuvé par le Roi.

— 20 *id.* Règlement sur la louveterie, approuvé par le Roi.

1816, 26 janv. Arrêt de la cour de cassation, portant que l'individu trouvé chassant en délit, avec un fusil, sans justifier d'un permis de port d'armes, doit être condamné à deux amendes et à la confiscation du fusil, sur le procès verbal d'un seul garde.

— 6 mars. Ordonnance du Roi, portant que les contestations élevées, soit sur l'adjudication des coupes de bois domaniaux, soit sur le paiement de ces adjudications, sont du ressort des tribunaux.

1816, 28 août. Ordonnance du Roi, concernant le martelage et la conservation des bois nécessaires aux constructions navales.

— 28 *id.* Règlement relatif à l'exécution du service des martelages et exploitations des bois destinés au service de la marine.

1817, 7 mars. Ordonnance du Roi, relative aux coupes dans les quarts de réserve des bois des communes et des établissemens publics.

— 15 *id.* Circulaire de M. le conseiller d'état, directeur général de l'administration des eaux et forêts, n.° 592, portant que les agens forestiers ne peuvent s'opposer à la coupe des bois de futaie ou taillis que des particuliers jugeraient à propos de faire sur leurs propriétés, soit que l'usage ait réglé ou non cette coupe avant dix ans.

— 12 avril. Arrêt de la cour de cassation, qui déclare nul un procès verbal de délit forestier, parce qu'il n'a été écrit ni par le garde rapporteur, ni par un fonctionnaire ayant caractère public.

— 30 août. Instruction de M. le conseiller d'état, directeur général de l'enregistrement et des domaines et forêts, n.º 799, relative aux coupes dans les quarts de réserve des bois des communes et des établissemens publics.

1817, 10 sept. Instruction de M. le conseiller d'état, directeur général de l'enregitrement et des domaines et forêts, n.º 800, relative aux demandes en défrichemens de bois.

— 30 sept. *Idem*, n.º 807, relative à la formule des actes de procédures.

— 2 décem. *Idëm*, relative au recouvrement des amendes en matière de délits, concernant les forêts.

AVANT-PROPOS.

NOTRE code pénal forestier est un
corps dont les membres épars ne peuvent être rassemblés qu'après des recherches pénibles et une étude appro-
fondie. Les plus anciennes des lois qui
le composent, après avoir été abrogées
en tout ou en partie, ont été remises
en vigueur avec plus ou moins de mo-
difications. Ainsi, dans tous les cas où
l'on a besoin de consulter les lois forestières, il faut en suivre la chaîne
entière, pour saisir l'anneau auquel
est attaché le point de la décision.

L'ordonnance de 1669, quelque
étendue qu'elle fût, présentait des la-
cunes, à raison desquelles on était
souvent obligé de recourir aux ordonnances de Philippe de Valois, Charles V, Charles VI, Louis XII, François I.er, Henri III et Henri IV.

Les principes de cette ordonnance
ont été développés, quelquefois modifiés, par un millier d'arrêts du con-

seil, et de règlemens, recueillis par Gallon, Chaillan et Pecquet.

Heureusement la plupart de ces arrêts, et les quinze premiers titres de l'ordonnance qu'ils interprètent, n'ont rapport qu'à la juridiction et aux fonctions respectives des officiers des maîtrises.

Les lois de la révolution, en attribuant aux tribunaux ordinaires la connaissance des délits forestiers, ont fait crouler tout cet échaffaudage de jurisprudence ; mais on est encore obligé de rechercher dans ses débris un grand nombre de dispositions éparses, qui servent de règle en matière de délits.

Quant aux autres titres de l'ordonnance de 1669, leurs principaux articles, tour à tour attaqués et défendus, ont résisté à l'esprit d'innovation ; et ils sont encore le *palladium* du domaine des eaux et forêts, quoique plusieurs aient été sensiblement modifiés par les lois modernes.

Ces lois sont de deux sortes : les unes, rendues dans les premiers excès de la révolution, autorisent la licence et ne lui présentent aucun frein ; telles sont celles qui ont permis aux particuliers de disposer de leurs bois sans restric-

tion, et celles qui ont aboli les droits
exclusifs de la chasse et de la pêche.
Les autres, fruits de la sagesse et de
l'expérience, en abrogeant ou modi-
fiant certaines lois révolutionnaires,
rappellent, autant que les circonstances
peuvent le permettre, les principes
consacrés par les anciennes ordonnances. Telles sont les lois rendues depuis
l'an 9 sur l'administration des bois des
communes, sur les coupes de futaies
et les défrichemens, sur les droits de
parcours et de pâturage, sur la chasse
et sur la pêche.

Il résulte de ces changemens, que
notre code pénal forestier se compose,
1.º de quelques dispositions contenues
dans douze ordonnances rendues sous
les rois qui ont précédé Louis XIV;
2.º des articles de l'ordonnance de
1669, auxquels il n'a pas été dérogé;
3.º de plusieurs arrêts du conseil qu'il
faut chercher dans un millier d'autres
relatifs à la même matière, mais dont
la plupart sont devenus inutiles; 4.º de
plus de deux cents lois rendues pendant la révolution, mais dont il ne
reste qu'une faible partie auxquelles il
soit nécessaire d'avoir recours; 5.º des
ordonnances et règlemens publiés

c*

depuis notre heureuse restauration ;
6.° de plusieurs décisions du conseil
d'état ; 7.° des arrêts de la cour de
cassation ; à quoi on peut ajouter un
grand nombre de décisions des minis-
tres, et d'instructions tant de l'administration générale des eaux et forêts,
que de la direction générale de l'enregîtrement et des domaines et forêts.

Telles sont les sources trop nombreu-
ses où il faut puiser les dispositions
législatives qui nous gouvernent en
matière d'eaux et forêts.

« L'on éprouve, en s'occupant de
» cette matière, le besoin de trouver
» réunies dans un cadre une foule de
» lois et règlemens épars dans une mul-
» titude de volumes. »

C'est ce cadre que j'ai l'honneur de
présenter aux personnes qui ont des
droits à exercer ou des obligations à
remplir dans les forêts et sur les rivières.

Mon principal but a été de classer
dans un ordre méthodique les dispositions textuelles des lois et décisions
qui sont en vigueur ; mais j'ai aussi
cherché à en pénétrer l'esprit et à en
expliquer les motifs.

Pour donner à cet ouvrage un autre

degré d'utilité , le plan en a été tracé
de manière à présenter sous plusieurs
rapports l'histoire de notre législation
forestière : des notes mises au bas de
chaque paragraphe indiquent l'accord
qui existe entre les nouvelles lois et
diverses ordonnances successivement
rendues depuis le commencement du
quatorzième siècle.

Cette troisième édition est beaucoup
plus étendue que les précédentes : elle
est augmentée notamment de toutes
les lois et décisions publiées depuis
1809 ; elle donne une connaissance
exacte de la jurisprudence de la cour
de cassation en matière d'eaux et
forêts ; elle renferme enfin des modè-
les de procès verbaux et d'autres actes,
à la régularité desquels est presque
toujours attaché le sort des procédures.

TRAITÉ

DES DÉLITS,

DES PEINES

ET DES PROCÉDURES,

EN MATIÈRE D'EAUX ET FORÊTS.

PREMIÈRE PARTIE.

DES DÉLITS ET DES PEINES.

CHAPITRE PREMIER.

Notions générales sur les délits dont il s'agit, et sur le genre de peines dont ils sont punis.

FAIRE ce que défendent, ne pas faire ce qu'ordonnent les lois, qui ont pour objet la conservation et la police des forêts, de la chasse et de la pêche, est un délit.

1.

Les lois qui seront ci-après analisées,
en spécifiant les actes qui doivent être
considérés comme délits de ce genre,
déterminent les peines que doivent
subir ceux qui s'en rendent coupables.

Ces peines ne sont ni afflictives ni
infamantes : les seules qui soient prononcées en matière d'eaux et forêts sont
l'amende, la confiscation et l'emprisonnement, indépendamment de la restitution et des dommages-intérêts (1),
qui doivent être adjugés pour toute sorte
de délits forestiers, au moins à pareille
somme que porte l'amende (2).

Les complices d'un délit sont punis
de la même peine que les auteurs même
du délit (3).

La personne chez laquelle on trouve

_____

(1) Ordonnance de 1669, tit. 22, art. 9
et 28. — Loi du 22 juillet 1771, tit. 2, art. 1.
— Loi du 3 brumaire an 4, art. 609.

(2) Arrêt de la cour de cassation du 13
novembre 1812,

(3) Code pénal, art. 59.

une partie des arbres coupés en délit, et qui ne veut pas déclarer ses complices, est responsable des peines encourues pour le tout (1).

L'amende est solidaire entre les complices (2); elle ne peut être au-dessous de la valeur de trois journées de travail (3). Elle emporte contrainte par corps, de même que la restitution, les dommages-intérêts et les dépens (4). La peine d'emprisonnement ne peut être moindre de trois jours (5); elle

_____

(1) Arrêt de la cour de cassation du 23 octobre 1812.

(2) Loi du 11 septembre 1789, art. 4. — Loi du 22 juillet 1791, tit. 2, art. 42. — Loi du 6 octobre 1791, tit. 5. — Arrêts de la cour de cassation des 28 juillet 1809 et 6 septembre 1811.

(3) Loi du 23 thermidor an 4, art. 2.

(4) Loi des 19, 22 juillet 1791, tit. 2, art. 41. — Décret du 20 septembre 1809.

(5) Loi du 23 thermidor an 4, art. 2.

n'excède jamais l'espace de deux ans (1).
Elle est la même que la peine corporelle qui se trouve prononcée par divers
articles de l'ordonnance de 1669. (2)

Il faut observer que cette ordonnance
prononce aussi dans différens cas , les
peines du fouet, du carcan et même
des galères , particulièrement lorsqu'il
s'agit de délits de chasse et de pêche
dans les rivières navigables , et que
l'art. 609, du code des délits et des
peines, du 3 brumaire an 4 , veut que
les tribunaux appliquent aux délits qui
sont de leur compétence, les peines
portées par ladite ordonnance. En pre-
nant cet article à la lettre, on pourrait en conclure que les peines du
fouet, des galères et du carcan, peuvent être appliquées aux délits en matière d'eaux et forêts ; mais ce serait

(1) Loi des 19 , 22 juillet 1791. — Loi du
5 fructidor an 3 , art. 233.

(2) Décision du ministre de la justice , du
78 thermidor an 4.

une erreur , attendu que les tribunaux de police et de police correctionnelle , seuls compétens pour connaître de ces délits , ainsi qu'on le verra dans la suite , ne peuvent prononcer de peines plus fortes que l'emprisonnement. (1)

Cette peine doit être infligée et fixée jusqu'à deux ans (2) , chaque fois qu'il s'agit d'un délit , qui , d'après l'ordonnance , serait puni du fouet , du carcan ou des galères. Il est juste que les tribunaux remplacent ainsi des punitions plus graves , qu'ils n'ont plus le droit de prononcer. S'il en était autrement , il est certains délits qui pourraient être commis impunément , tels que ceux en récidive , contre lesquels l'ordonnance prononce souvent une peine afflictive , sans prononcer de peine pécuniaire.

Mais je dois faire observer qu'il ne

---

(1) Loi du 22 frimaire an 8 , art. 64.

(2) Avis du conseil d'état , du 3 pluviôse an 10.

s'agit ici que de délits de bois , de
chasse et pêche proprement dits ; c'est-
à-dire de contraventions aux ordonnances rendues sur ces matières. Il est
certains enlèvemens de bois qui sont
de véritables vols, et dont les auteurs
doivent être punis selon les dispositions
de l'art. 388 du code pénal. Le principe consacré par cet article avait déjà
été adopté par le tribunal de cassation,
suivant les arrêts des 16 germinal an 7
et 25 ventôse an 12.

CHAPITRE II.

Des délits commis dans les forêts royales.

Les dispositions des lois en matière
de délits forestiers, sont générales ou
particulières. Les premières sont obli-
gatoires pour les citoyens de toutes les
classes ; les secondes font des défenses
ou imposent des obligations qui ne concernent que certaines personnes.

§. I.er

Dispositions générales.

Ces dispositions ont le double but de conserver le sol des forêts , et de faire respecter leurs produits.

Du sol des forêts royales.

Le sol peut être endommagé par les défrichemens ou par l'extraction des matieres qui le composent.

Les défrichemens dans les bois appartenant nuement au domaine , ou dans ceux où il a intérêt, sont défendus, sous peine de privation de tous droits dans ces bois, d'amende arbitraire, de prison, de rétablir les lieux en leur premier état, et de tous dépens et dommages-intérêts. (1)

L'extraction de sable , terre, marne et argile est défendue dans l'étendue et

---

(1) Ordonnances de François I.er , du mois de janvier 1518, art. 24 ; et de Henri III , du mois d'avril 1588.

aux reins des forêts royales, sous peine de 500 fr. d'amende, et de confiscation des chevaux et harnais. Il est aussi défendu aux officiers forestiers de souffrir de telles extractions, à peine de pareille amende de 500 fr. (1)

La simple fouille du sable et d'autres matières, lors même qu'elle n'est pas suivie d'enlèvement, est aussi un délit punissable de la même peine. (2)

L'enlèvement des productions superficielles quelconques des forêts, avec la terre dans laquelle pénètrent les racines de ces productions, est aussi passible des mêmes peines. (3)

Nul ne peut faire ouverture de carrières dans l'étendue et aux reins des

_____

(1) Ordonnance de 1669, tit. 27, art. 12. — Arrêt de la cour de cassation du 20 février 1812.

(2) Arrêt de la cour de cassation du 20 prairial an 7.

(3) Arrêt de la cour de cassation du 11 décembre 1812.

forêts , sans permission expresse du gouvernement, à peine de 1,000 fr. d'amende. Les officiers forestiers doivent s'opposer à ces entreprises, à peine d'interdiction, et de répondre, en leur pur et privé nom, de tous dommages-intérêts en résultant. (1)

L'ouverture et l'exploitation desdites carrières ne peuvent avoir lieu , lorsqu'elles ont été autorisées , que d'accord avec les ingénieurs des ponts et chaussées et les officiers forestiers. (2)

Des produits des forêts royales.

Les produits se composent des arbres, de leurs feuilles, de leurs fruits et des herbages.

Les arbres de délits sont des chênes, des arbres fruitiers ou de toute autre

---

(1) Arrêts du conseil des 3 décembre 1690 , et 4 janvier 1720.

(2) Circulaire de l'administration générale des eaux et forêts, du 7 vendémiaire an 12, n.° 171.

espèce : on les enlève en grume, ou
façonnés ; ils sont transportés à dos
d'hommes, à charge de bêtes de somme
ou sur des charettes ; ce sont des arbres exploitables ou des arbres de réserve. Les peines encourues par les
délinquans sont différentes, suivant
ces divers cas, ainsi qu'on va le voir.

Il est très - expressément défendu
d'arracher aucun plant de chêne, charme ou autre bois dans les forêts royales,
sans permission du gouvernement, à
peine de punition exemplaire et de 500
francs d'amende. (1).

Nul ne peut exposer en vente dans
les foires et marchés des plants d'essences
forestières, s'il n'est muni d'un certificat du maire de sa commune, qui
justifie que le vendeur est propriétaire

_____

(1) Ordonnance de 1669, tit. 22, art. 11.
— Arrêts de la cour de cassation des 30 octobre 1807, et 20 février 1812.

ou fermier de pépinières d'essences forestières. (1)

L'amende ordinaire pour délits commis depuis le lever du soleil , sans feu ,
sans scie, par personnes privées, n'ayant
charge , usages , ateliers et commerce
dans les forêts royales , bois et garennes , est, pour la première fois , de
12 fr. 32 c. pour chaque mètre de tour
de chênes et de tous autres arbres fruitiers indistinctement, même du châ-
taignier ; de 7 fr. 70 c. pour chaque
mètre de tour de saule , hêtre , orme ,
tilleul, sapin, charme et frêne; et de 4 f.
62 c. pour chaque mètre de tour d'arbres de toute espèce , vert, *en étant*
sec ou abattu ; le tout pris à cent
soixante - deux millimètres près de
terre. (2)

_____

(1) Décision du ministre des finances , insérée
dans une circulaire du 1.er septembre 1810 ,
n.º 423.

(2) Ordonnance de 1669 , tit 32 , art. 1 ,
conforme aux ordonnances de 1518 et 1588.

Ceux qui ont éhoupé, ébranché et deshonoré des arbres, doivent être condamnés à la même amende au mètre de tour, que s'ils les avaient abattus par pied. (1)

Il est défendu à toute personne de charmer ou brûler les arbres, et d'en enlever l'écorce, à peine de punition corporelle. (2)

Il est défendu à toute personne d'exposer en vente dans les villes et villages voisins des forêts, aucun bois, sans

— Arrêt de la cour de cassation du 9 mai 1812.

Pour faciliter l'application de cet article de l'ordonnance, l'administration générale des eaux et forêts a fait publier un tarif où l'on trouve le montant des amendes qui doivent être payées à raison des différentes grosseurs métriques des arbres de délit, lequel tarif est inséré à la fin de cet ouvrage.

(1) Ordonnance de 1669, tit 32, art 2. — Arrêt de la cour de cassation du 12 brumaire an 11.

(2) Ordonnance de 1669, tit. 27, art. 22.

être munie d'un billet ou étiquette du marchand, ou du propriétaire de la forêt dont est provenu ledit bois, sous peine de confiscation et d'amende arbitraire pour la première fois, et de peines corporelles en cas de récidive contre les vendeurs, de confiscation et du double de l'amende au pied de tour contre les acheteurs.

Il est enjoint aux marchands et à leurs facteurs, de tenir regître des étiquettes, et de ne commettre aucune fraude à peine de confiscation de leurs ventes. (1)

Pour chaque charretée de merrain, bois carré de sciage ou de charpenterie, l'amende est de 80 fr.; pour la charretée de bois de chauffage, de 15 f.; pour la charge de cheval ou bourrique, de 4 fr., et d'un fr. pour le fagot

_____

(1) Réglement de la table de marbre, du 4 septembre 1601, et plusieurs arrêts rapportés par Saint-Yon, page 1107.

ou la fouée (1), à moins qu'elle ne soit composée de jeunes arbres coupés sur pied ; car alors la condamnation doit être prononcée au mètre de tour (2)

Pour étalons, baliveaux, parois, arbres de lisière, et autres arbres de réserve, l'amende est de 50 fr. ; elle est de 100 fr. pour pied cornier marqué du marteau royal, abattu, et de 200 fr. pour pied cornier arraché et déplacé. (3)

Néanmoins, l'amende pour baliveaux de l'âge du taillis au-dessous de vingt ans, est réduite à 10 f , sans que cette disposition puisse jamais s'étendre aux baliveaux modernes. (4)

---

(1) Ordonnance de 1669, tit. 32, art. 3.

(2) Arrêt de la cour de cassation, du 2 janvier 1806.

(3) Ordonnance de 1669, tit. 32, art. 4. — Arrêt de la cour de cassation, du 2 août 1810.

(4) Ordonnance de 1669, tit. 32, art. 4. — Arrêt de la cour de cassation, du 6 décembre 1810.

Dans tous les cas, la restitution est égale à l'amende. (1)

Les tribunaux ne peuvent contrevenir à ces dispositions, en ordonnant que la valeur des baliveaux sera payée à dire d'experts. (2)

Celui qui est trouvé dans une forêt avec des bois de délit, est réputé auteur de la coupe en délit. (3)

Si les délits se trouvent avoir été commis depuis le coucher jusqu'au lever du soleil, par scie ou par feu, soit par les officiers forestiers, ou officiers des chasses, arpenteurs, layeurs, gardes, usagers, coutumiers, pâtres, paissonniers, marchands ventiers, leurs facteurs, gardes-ventes, bûcherons, charbonniers, charretiers, maîtres de

---

(1) Arrêt de la cour de cassation, du 22 thermidor an 12.

(2) Arrêt de la cour de cassation, du 19 décembre 1806.

(3) Arrêt de la cour de cassation, du 21 avril 1808.

forges, fourneaux ; soit par les tuiliers, briquetiers et tous autres employés à l'exploitation des forêts et des ateliers des bois en provenant, l'amende est double. (1).

De la circonstance aggravante de la nuit et sans le concours d'aucune autre, résulte l'obligation de prononcer l'amende double. (2)

Toutes les personnes ci-dessus doivent être privées, en cas de récidive, savoir : les officiers forestiers et des chasses, de leurs places; les marchands, de leurs ventes, et les usagers, de leurs droits et coutumes. (3)

Les marchands, maîtres de forges. fermiers, usagers, riverains et autres occupant les maisons, fermes et autres héritages dans l'enclos et à huit kilo-

_____

(1) Ordonnance de 1669, tit. 32, art. 5.

(2) Arrêt de la cour de cassation, du 28 mai 1812.

(3) Ordonnance de 1669, tit. 32, art. 6.

mètres des forêts royales , sont responsables civilement de leurs commis , charretiers , pâtres et domestiques. (1)

Le père , et la mère après le décès du mari , sont responsables du dommage causé par leurs enfans mineurs habitant avec eux , lors même que ces enfans ont moins de seize ans. (2)

Cette responsabilité est principale et non subsidiaire. (3)

Les restitutions , dommages et intérêts doivent être adjugés pour tous délits , au moins à pareille somme que porte l'amende. (4)

Cette disposition de l'ordonnance s'applique aux délits pour cause de dé-

---

(1) Ordonnance de 1669, tit. 32 , art. 7. — Code civil , art. 1384.

(2) Code civil , art. 1384. — Arrêt de la cour de cassation , du 2 juillet 1813.

(3) Arrêt de la cour de cassation , du 11 juin 1808.

(4) Ordonnance de 1669, tit. 32 , art. 8. — Edit du mois de mai 1716, art. 50.

paissement , d'enlèvement d'herbages et feuillages , d'extraction de terre , sable , marne et argile , comme à ceux de vol de bois. (1)

Outre l'amende , la restitution et les dommages-intérêts, il y a toujours con-fiscation des chevaux , bourriques et harnais qui se trouvent chargés de bois de délits, et des scies , haches , serpes, cognées et autres outils dont les parti-culiers coupables et complices sont trouvés saisis. (2)

Les armes et outils saisis sur les dé-linquans , doivent être déposés aux greffes des tribunaux. (3)

Les usagers et autres personnes trou-vées de nuit dans les forêts royales ,

---

(1) Arrêts de la cour de cassation , des 18 ventôse an 8, 19 novembre 1807, 22 janvier, 11 février , 15 avril et 8 octobre 1808, 20 février et 9 avril 1809.

(2) Ordonnance de 1669, tit. 32 , art. 9.

(3) Circulaire de l'administration , du 8 mars 1809 , n.° 390.

hors les routes et grands chemins, avec serpes, haches, scies ou cognées, seront emprisonnés, et condamnés, pour la première fois, à 6 fr. d'amende, et à 20 fr. la seconde. (1)

Il est fait défenses à toutes personnes de porter et allumer du feu, en quelque saison que ce soit, dans les forêts, landes et bruyères royales, celles des communes, hospices et autres établissemens publics et des particuliers, à peine de punition corporelle et d'amende arbitraire, outre la réparation des dommages que l'incendie pourrait avoir causés, dont les communes et autres qui ont choisi les gardes, demeureront civilement responsables. (2)

Il est également défendu, et sous les

---

(1) Ordonnance de 1669, tit. 27, art. 34.

(2) Ordonnance de 1669, tit. 27, art. 32, rappelée dans l'arrêté du directoire exécutif, du 25 pluviôse an 6. — Arrêts de la cour de cassation, des 26 août 1809 et 6 décembre 1810.

mêmes peines, d'allumer du feu plus près de neuf cent soixante-dix mètres des forêts, landes et bruyères royales. (1)

Mais il faut observer que quiconque a volontairement mis le feu à des chantiers, forêts et bois taillis, soit sur pied, soit abattus, soit aussi que les bois soient en tas ou en cordes, doit être puni de la peine de mort. (2) Si les officiers forestiers acquièrent la connaissance du crime, ils sont tenus d'en faire la dénonciation officielle au substitut du procureur général, conformément à l'art. 83 du code des délits et des peines.

Les fruits sont particulièrement destinés, par la nature, à la propagation des espèces ; les lois veillent à ce qu'ils restent dans les forêts pour leur repeuplement.

---

(1) Déclaration du Roi, du 13 novembre 1714.

(2) Code pénal, art. 434.

L'art. 1.er de la loi du 12 fructidor an 2 , permettait à tout particulier de ramasser les glands , les faînes et autres fruits sauvages dans les forêts nationales ; mais cette loi n'a point abrogé l'ordonnance de 1669 ; elle en a seulement suspendu l'exécution , quant à la défense d'amasser les glands et les faînes. Ses dispositions étaient purement transitoires , et son exécution a dû cesser avec les circonstances qui l'avaient fait porter. C'est ainsi que s'explique , au sujet de cette loi , le ministre de la justice , dans une circulaire écrite au mois de thermidor an 10 , aux commissaires du gouvernement près les tribunaux criminels et correctionnels.

Ainsi , toutes personnes privées amassant, de jour, des herbages, glands ou faînes , et les emportant des forêts, boquetaux , garennes et buissons , sont condamnées , pour la première fois , à l'amende , savoir : pour faix à col , do

5 fr. ; pour charge de cheval ou bourrique, de 20 fr., et pour harnais, de
40 fr.; au double pour la seconde fois;
et en tous cas, à la confiscation des
chevaux, bourriques et harnais qui se
trouvent chargés. (1)

Ces amendes doivent être prononcées autant de fois qu'il y a eu de personnes trouvées arrachant des herbes
et chargées de choses prohibées. (2)

Lorsqu'il est reconnu qu'il y a suffisamment des glands et de faînes dans
les forêts, les officiers forestiers font
un état du nombre de porcs qui peuvent y être mis en panage, et du nombre de ceux qu'y peuvent envoyer les
usagers. (3)

L'adjudication de la glandée se fait
dans les formes ordinaires, à la charge

---

(1) Ordonnance de 1669, tit. 32, art. 12.

(2) Arrêt de la cour de cassation, du 7 janvier 1814.

(3) Ordonnance de 1669, tit. 18, art. 1.

par l'adjudicataire de souffrir la quantité de porcs qui aura été réglée pour les usagers. (1)

La glandée n'est ouverte que depuis le premier octobre jusqu'au premier février. Les adjudicataires et usagers ne peuvent y mettre leurs porcs en plus grand nombre que celui compris dans l'adjudication, après les avoir fait marquer au feu, et avoir déposé au bureau de l'inspecteur forestier l'original de la marque, sous peine de 100 fr. d'amende, et de confiscation de ce qui se trouvera excéder le nombre fixé, ou être marqué de fausse marque. (2)

Il est défendu à toutes personnes, autres que les usagers, les adjudicataires et leurs ayant-cause, d'envoyer ou mener leurs porcs en glandée dans les forêts royales, à peine de 100 fr. d'amende et de confiscation. (3)

_____

(1) Ordonnance de 1669, tit. 18, art. 1.er
(2) *Ibid.*, art. 3.
(3) *Ibid.*, art. 4.

Les feuilles tombées au pied des arbres sont non seulement un engrais que la nature leur donne, mais elles défendent les jeunes plantes de la voracité des animaux ; elles les abritent contre les grands froids et leur procurent en été une ombre salutaire ; elles forment un terreau dans lequel germent les glands, les faînes et les graines. En ramassant ces feuilles, surtout à l'aide du rateau, on déracine ce qui est déjà germé, et on enlève les fruits et les graines qui doivent germer à la première saison ; ainsi, cette opération destructive est comprise dans les prohibitions portées par les art. 18 du tit. 3, et 12 du tit. 32 de l'ordonnance de 1669 ci-dessus rapportés. (1)

Les herbages protégent les premiers

_____

(2) Arrêts de la cour de cassation, des 16 avril 1806, et 3 septembre 1807. — Circulaire du 4 juillet 1810, n.° 418. — Décret du 19 du même mois.

jets

jets des semences forestières contre l'ardeur du soleil : en pourissant sur le sol, ils augmentent l'épaisseur de la couche végétale des forêts. Les lois veillent à la conservation des herbages, avec d'autant plus de raison, qu'on ne peut les couper ou arracher, sans détruire les jeunes plants forestiers qu'ils entourent.

Les herbages sont exposés à être coupés par les hommes, et à être broutés par les bestiaux.

Toutes personnes privées, coupant ou amassant de jour des herbages, de tels nature et âge que ce soit, et les emportant des forêts, bouqueteaux, garennes et buissons, sont condamnées aux mêmes amendes que ceux qui amassent et emportent les glands et faînes, dont il vient d'être parlé. (1)

Il en est de même à l'égard de l'enlèvement des genevriers et liserons dans

_____

(1) Ordonnance de 1669, tit. 32, art. 12.

un bois soumis à la surveillance de l'administration. (1)

Les bestiaux, en broutant l'herbe, ne causent pas seulement aux forêts les mêmes dommages que les hommes qui la coupent, mais ils mangent en même temps les sommités des jeunes taillis, ce qui les réduit à un état d'abroutissement auquel il ne peut être remédié que par le recepage.

Les bestiaux des personnes non usagères trouvés en délit, ou hors des lieux, des routes et des chemins désignés, doivent être confisqués ; et dans le cas où les bêtes ne pourraient être saisies, les propriétaires doivent être condamnés à l'amende, qui est de 20 f. pour chaque cheval, bœuf ou vache ; de 5 f. pour chaque veau ; de 3 f. pour chaque mouton ou brebis ; du double pour la seconde fois, et du quadruple pour la troisième. Indépendamment

_____

(1) Décret du 19 juillet 1810. — Arrêt de la cour de cassation, du 14 août 1812.

de la restitution et des dommages-
intérêts (1) ; les maîtres, pères, chefs
de famille, propriétaires, fermiers et
locataires des maisons y résidant, étant
dans tous les cas civilement responsables de leurs pâtres et autres gardes ou
conducteurs. (2)

Les peines ci-dessus sont encourues
par la simple introduction des bestiaux
dans les bois, lors même que le procès
verbal ne constate aucun délit. (3)

On voit que l'ordonnance ne prononce aucune peine contre les personnes non usagères qui conduisent leurs
chèvres dans les forêts ; mais puisque
d'après l'art. 13 du tit. 19 qui sera ci-
dessous rapporté, les usagers ne peu-

---

(1) Arrêt de la cour de cassation, du 13
novembre 1812.

(2) Ordonnance de 1669, tit. 32, art. 10.
—Arrêts de la cour de cassation, des 14 brumaire an 11, et 1.er thermidor an 12.

(3) Arrêts de la cour de cassation, des 2
vendémiaire an 12, et 20 octobre 1806.

vent le faire sans encourir la confiscation et l'amende de 3 f. par bête, à
plus forte raison ces peines doivent-
elles être prononcées contre les non
usagers qui se rendent coupables du
même délit.

Il est défendu à tous particuliers
d'envoyer leurs bestiaux en pâturages,
sous prétexte de baux et congés des officiers forestiers, receveurs ou fermiers
du domaine, même des engagistes ou
usufruitiers; à peine de confiscation
des bestiaux trouvés en pâturage, et
de 100 fr. d'amende. (1)

Ceux qui ont fait ou laissé passer des
bestiaux, animaux de trait, de charge
ou de monture, dans un bois taillis
appartenant à autrui, sont punis d'une
amende depuis 6 f. jusqu'à 10 f. inclu-
sivement. (2)

Le riverain d'une forêt ne peut en

---

(1) Ordonnance de 1669, tit. 19, art. 11.
(2) Code pénal, art. 475.

couper les branches, sous le prétexte qu'elles gênent ou ombragent sa propriété. (1)

§. II.

Dispositions particulières.

Les dispositions particulières des lois dont il s'agit, concernent les riverains des forêts, les usagers, les marchands adjudicataires des coupes, les employés de l'administration générale des domaines et forêts, et les officiers des chasses.

Riverains des forêts.

Tous riverains possédant bois joignant les forêts et buissons royaux, sont tenus de les en séparer par des fossés ayant un mètre trois décimètres de largeur, et un mètre six décimètres de profondeur, qu'ils entretiendront en cet état, à peine de réunion. (2)

---

(1) Arrêt de la cour de cassation, du 15 février 1811.

(2) Ordonnance de 1669, tit. 27, art. 4.

Il est défendu à toutes personnes de
planter bois à sept cent quatorze mètres
des forêts royales , sans permission
expresse , à peine de 5oo fr. d'amende
et de confiscation de leurs bois , qui
seront arrachés ou coupés. (1)

Il est aussi défendu à toutes personnes de faire constru * aucuns châteaux, fermes ou maison * lans l'enclos,
aux rives et à deux kilomètres des forêts royales , sans espérance d'aucune
remise ni modération des peines d'a-
mende et de confiscation des fonds et
des bâtimens. (2)

La démolition des bâtimens dont il
vient d'être parlé , doit être poursuivie
avec rigueur contre les propriétaires
qui , ayant déjà été traduits en justice
pour délits forestiers , commettraient
des récidives , pourvu toutefois qu'il
ne doive pas s'en suivre un préjudice

----

(1) Ordonnance de 1669, tit. 27, art. 6.
(2) *Ibid.* , art. 18.

grave pour les maisons voisines. (1)

Cette démolition doit aussi être prononcée contre toutes personnes sans distinction, lorsqu'il s'agit de constructions ou augmentations de feux, faites depuis l'avis du conseil d'état, du 22 brumaire an 14. (2)

Les cercliers, vanniers, tourneurs, sabotiers et autres de pareille condition, ne peuvent tenir ateliers dans la distance de 2222 mètres des forêts royales, à peine de confiscation de leurs marchandises et de 100 francs d'amende. (3)

Ceux qui habitent les maisons situées dans les forêts royales et sur leurs rives, ne pourront y faire commerce ni tenir ateliers de bois, ni en faire plus grand amas que ce qui est nécessaire pour

---

(1) Décision du conseil d'état, approuvée le 22 brumaire an 14.

(2) Arrêts de la cour de cassation, des 18 août 1809, et 9 novembre 1810.

(3) Ordonnance de 1669, tit. 27, art. 23.

leur chauffage, à peine de confiscation,
d'amende arbitraire et de démolition
de leurs maisons. (1)

Il est défendu à toutes personnes de
faire de la chaux à sept cent quatorze
mètres de distance des forêts royales,
sans permission expresse, et aux officiers forestiers de le souffrir, sous
peine de 500 fr. d'amende et de confiscation des chevaux et harnais. (2)

Les possesseurs des bois joignant les
forêts royales, à titre de propriété ou
d'usufruit, sont tenus de déclarer aux
officiers forestiers le nombre et la qualité qu'ils doivent en vendre chaque
année, à peine d'amende arbitraire et
de confiscation. (3)

Les maisons bâties sur perches, ateliers, loges et baraques construites en
bois dans l'enceinte, aux reins et à

----

(1) Ordonnance de 1669, tit. 27, art. 30.

(2) *Ibid.*, art. 12.

(3) *Ibid.*, tit. 26, art. 4.

deux kilomètres des forêts royales , anciennes et nouvelles , par les vagabonds , et inutiles, doivent être démolies; il leur est fait défenses d'en bâtir à l'avenir dans la distance de huit kilomètres des bois et forêts royales , sous peine de punition corporelle. (1)

Il est défendu aux riverains d'enlever le bois des laies ou tranchées pratiquées par les arpenteurs , à peine de punition exemplaire. (2)

On a vu dans le paragraphe précédent que , d'après l'art. 7 du tit. 32 de l'ordonnance de 1669 , les riverains et autres occupant les maisons , fermes et autres héritages dans l'enclos et à huit kilomètres des forêts , sont civilement responsables de leurs commis , charretiers , pâtres et domestiques.

_____

(1) Ordonnance de 1669 , tit. 27 , art. 17. — Décision du conseil d'état, approuvée le 22 brumaire an 14.

(2) *Ibid.* , tit. 15 , art. 8.

Usagers.

On appelle usagers, les particuliers et les communes qui ont le droit de faire paître leurs bestiaux ou de prendre du bois dans les forêts.

Le droit de pâturage est soumis aux restrictions et règles suivantes :

Il est défendu aux habitans des communes usagères, et à toutes personnes ayant droit de pacage dans les forêts et bois royaux ou en ceux des communes, hospices et autres établissemens publics et particuliers, d'y mener ou envoyer leurs bêtes à laine, chèvres, boucs (1), brebis ou moutons, ni même dans les landes et bruyères, places vaines et vagues aux rives des bois et forêts, à peine de confiscation des bestiaux et de 3 f. d'amende pour chaque bête. Les bergers et gardes de telles

_____

(1) Arrêt de la cour de cassation, du premier août 1811.

bêtes sont condamnés à 10 f. d'amende pour la première fois ; et les maîtres , propriétaires des bestiaux et pères de famille sont responsables civilement des condamnations rendues contre les bergers.

En cas de récidive , l'ordonnance prononce , contre les bergers et les gardes, la peine de bannissement et du fouet, qui , d'après ce qui a été dit au chapitre 1.er, doit être remplacée par l'emprisonnement. Les usagers ne peuvent même , en vertu de leurs titres, envoyer les bêtes à laine dans les forêts devenues domaniales. (1)

Les droits de pâturage ou parcours, et d'enlèvement de feuilles mortes dans les bois et forêts appartenant, soit à l'état ou aux établissemens publics, soit aux particuliers , ne peuvent être exercés par les communes ou particuliers qui

(1) Arrêt de la cour de cassation , du premier messidor an 12.

en jouissent en vertu de leurs titres ou
des statuts ou usages locaux, que dans
les parties des bois qui ont été déclarées défensables par les officiers forestiers. (1)

D'où il suit qu'une forêt et les ter-
rains qui en dépendent sont en défends
tant qu'ils n'ont pas été déclarés défensables par l'autorité compétente. (2)

Tous arrêts des ci-devant parlemens,
tous usages établis d'après la coutume
du pays, ou fondés sur le titre de concession, qui règlent l'âge auquel les bois
étaient considérés comme défensables,
sont actuellement sans autorité. (3)

Les bestiaux doivent être menés et

_____

(1) Ordonnance de 1669, tit. 19, art. 1,
3 et 13. — Décret du 17 nivôse an 13. —
Décret du 19 juillet 1810. — Circulaire de
l'administration, du 20 juillet 1811, n.° 445.

(2) Arrêts de la cour de cassation, des 26
floréal an 13, 22 février et 13 décemb. 1811.

(3) Arrêts de la cour de cassation, des 1.er
avril 1808, et 7 juillet 1809.

gardés séparément dans les lieux déclarés défensables, sans mêlange de troupeaux d'autres lieux ; le tout à peine
de confiscation des bestiaux, d'amende
arbitraire contre les pâtres, et de destitution contre les officiers forestiers
qui permettraient ou souffriraient le
contraire. (1)

Lorsque les bestiaux surpris dans les
parties de bois non déclarées défensables, n'ont pu être saisis, les propriétaires doivent être condamnés, conformément à l'art. 10 du titre 32 de
l'ordonnance de 1669, en l'amende,
qui, indépendamment de la réparation, des dommages-intérêts, est,
ainsi que nous l'avons dit plus haut, de
20 fr. pour chaque cheval, bœuf ou
vache; 5 fr. pour chaque veau, et 3 fr.
pour chaque mouton on brebis ; le
double pour la seconde fois, et pour

---

(1) Ordonnance de 1669, tit. 19, art. 1.es
et 3, rappelée par le décret du 17 nivôse an 13,

la troisième le quadruple de l'amende ,
outre le bannissement des forêts contre
les pâtres ou autres gardes et conducteurs : sur quoi il faut observer que
l'on doit se conformer , dans chaque
localité , aux règlemens particuliers
qui ont pu modérer ces amendes. (1)

Les habitans usagers doivent donner
déclaration du nombre et de la qualité
des bestiaux qu'ils possèdent ou tien-
nent à louage ; il en est fait un rôle
contenant le nom de ceux à qui ils appartiennent , lequel est déposé entre
les mains des officiers forestiers , pour
être transcrit sur un regître dûment
côté et parafé. (2)

Tous les bestiaux appartenant aux
usagers d'une même commune ayant
droit d'usage , doivent être marqués

_____

(1) Avis du conseil d'état , du 18 brumaire
an 14.

(2) Ordonnance de 1669 , tit. 19 , art. 1
et 3 , rappelée par le décret du 27 nivôse an 13.

d'une même marque, dont l'empreinte est remise au greffe avant que lesdits usagers puissent user du pâturage. Les bestiaux doivent être assemblés chaque jour en un lieu à ce destiné, et en un seul troupeau, pour être conduits par un seul chemin, qui est désigné par les officiers forestiers, après avoir été jugé le plus commode et le mieux défendu. Les usagers ne peuvent changer de chemin ni prendre une autre route allant ou retournant, à peine de confiscation des bestiaux, et de punition exemplaire contre les pâtres et gardes. (1)

Les particuliers sont tenus de mettre au cou de leurs bestiaux des clochettes, dont le son puisse avertir des lieux où il pourront s'échapper et faire des dégâts, afin que les pâtres y courent, et que les gardes se saisissent des bêtes écartées et trouvées en dommages, hors

(1) Ordonnance de 1669, tit. 19, art. 6.

les cantons désignés et publiés défensables. (1)

Il n'est loisible à aucun habitant de
mener ses bestiaux à garde séparée, ou
de les envoyer à la forêt par sa femme,
ses enfans ou domestiques, à peine de
10 fr. d'amende, pour la première fois,
de confiscation pour la seconde, et de
privation de tout usage pour la troisième. (2)

Les pâtres et gardes sont choisis et
nommés annuellement par le conseil
général de la commune, à la diligence
du maire. La commune demeure responsable de ceux qui sont choisis. (3)

Ne peuvent, les particuliers usagers,
prêter leurs noms et maisons aux marchands et habitans des communes voisines, pour y retirer leurs bestiaux ; et
s'il s'en trouve qui aient été ainsi retirés

_____

(1) Ordonnance de 1669, tit. 19, art. 7.
(2) *Ibid.* art. 8.
(3) *Ibid.* art. 9.

ou donnés frauduleusement par déclaration, ils doivent être confisqués, et
l'usager est condamné pour la première
fois en l'amende de 5o francs, et au
cas de récidive, privé de tout usage. (1)

Il est défendu d'user du droit de
passage qu'on peut avoir dans un bois,
si on n'a préalablement demandé et
obtenu la désignation d'un chemin. (2)

S'il y avait de jeunes rejets en futaie
ou taillis, le long des routes et chemins où les bestiaux passent pour aller
aux lieux destinés au pâturage, en sorte
que le broût ne pût sûrement s'empêcher, les agens forestiers doivent tenir
la main à ce qu'il soit fait des fossés
suffisamment larges et profonds, pour
leur conservation, ou les anciens rele-
vés et entretenus aux frais et dépens
des communes usagères, par contribu-

---

(1) Ordonnance de 1669, tit. 19, art. 10.

(2) Arrêt de la cour de cassation, du 17 décembre 1810.

tion , à proportion du nombre de bêtes qu'elles enverront au pâturage. (1)

Outre les peines prononcées contre les auteurs des incendies, il est défendu aux usagers, et à tous autres, de mener leurs bestiaux , sous quelque prétexte que ce soit, pendant cinq ans, à compter du jour de l'incendie , dans les landes et bruyères où le feu a passé , même d'en approcher plus près de deux mille deux cents vingt-deux mètres, à peine de confiscation des bestiaux , de 500 fr. d'amende , et de plus grande peine s'il échet. (2)

Les communes qui refuseraient de porter du secours , en cas d'incendie , dans une forêt , même les particuliers qui, sans raison valable , s'en dispenseraient, doivent être notés et privés

_____

(1) Ordonnance de 1669 , tit. 19 , art. 10.

(2) Arrêts du conseil , des 29 juin 1728 , 28 août 1731 , 25 avril et 13 juin 1741.

de l'exercice du droit d'usage dans la forêt. (1)

Le décret du 19 juillet 1810 , qui prohibe l'enlèvement des feuilles mortes dans la forêt, est applicable aux usagers. (2)

Le droit de prendre du bois a pour objet l'affouage ou le maronage.

L'affouage consiste dans la faculté qu'ont certains usagers , de se pourvoir dans une forêt , du bois nécessaire à leur chauffage.

Le maronage consiste dans la faculté de se faire délivrer les arbres nécessaires aux constructions et réparations des bâtimens.

Les arbres ayant le houpier ou quelques branches sèches , s'ils ne sont entièrement morts et secs, ne peuvent être délivrés aux usagers qui ont le

_____

(1) Arrêté des consuls , du 25 pluviôse an 6.

(2) Arrêt de la cour de cassation , du 20 juillet 1811.

droit de prendre le bois mort et sec,
à peine d'amende. (1)

Ceux dont le droit consiste à enlever
le bois sec et gîsant, ne peuvent se
servir d'aucune espèce de ferrement,
même de crochets, à peine d'amende
et de confiscation. (2)

Les usagers ne peuvent prendre aucun arbre, sans qu'il leur ait été délivré par les officiers forestiers, à peine
d'amende et de privation des droits
d'usage. (3)

Il ne peut être délivré aucun bois
pour entretenir et réparer les maisons
usagères, sans que les réparations aient

---

(1) Ordonnance de Henri II, du mois de
février 1554, art. 29.

(2) Proclamation du 3 novembre 1789.

(3) Ordonnances de François I.er, de 1529
et 1540, et de Henri III, du mois de janvier
1583. — Règlement du 1.er mars 1757. —
Arrêts de la cour de cassation, des 27 vendémiaire an 13, 3 septembre 1808 et 21 novembre 1812.

été jugées nécessaires par gens à ce connaissant. (1)

Quels que soient les droits des usagers, ils peuvent toujours être restreints par l'administration, suivant l'état et la possibilité de la forêt. (2)

Les arbres ne peuvent être partagés sur pied ; la délivrance s'en fait au maire, et le bois n'est distribué aux particuliers réclamans, qu'après l'exploitation entièrement faite. (3)

Les usagers sont assimilés aux adjudicataires des ventes, soit pour les règles qu'ils ont à suivre dans l'exploitation des bois, soit pour la responsa-

---

(1) Règlement du 4 septembre 1601, et plusieurs arrêts rapportés par Saint - Yon, page 1081.

(2) Ordonnance de 1669, tit. 19, art. 5, et tit. 20, art. 5, conforme à celle de Henri III, du mois de janvier 1583, art. 10.

(3) Instruction publiée par l'administration générale des eaux et forêts, le 25 ventôse an 11, approuvée par le gouvernement.

bilité des délits qui peuvent être commis dans les cantons destinés à leur usage et à l'ouïe de la cognée. (1)

L'exploitation est faite par des commissaires choisis, aux frais de la commune, et capables de répondre des malversations. (2)

Les usagers ne peuvent vendre, donner ni permuter les bois à eux délivrés; ils ne peuvent en disposer autrement que pour leurs besoins, à peine de privation de leurs droits et d'amende arbitraire. (3)

Il ne doit être fait aucune nouvelle délivrance aux usagers qui n'ont point justifié de l'emploi des arbres qui leur

_____

(1) Règlemens des 14 et 25 juin 1602, art. 22 et 25. — Arrêts de la cour de cassation, des 23 août 1808 et 23 mars 1811.

(2) Ordonnance de 1669, tit. 25, art. 11.

(3) Ordonnances de 1333, 1376, 1402 et 1526. — Arrêts du conseil de 1693 et 1770. — Arrêt de la cour de cassation du 13 octobre 1809.

ont été précédemment délivrés. (1)

Il est défendu à tous particuliers auxquels il est dû des bois à bâtir à titre d'usage , et qui sont destinés à être convertis en planches, d'en donner aucune partie en paiement aux propriétaires des scieries , pour la refente desdits bois. Les planches réclamées par les propriétaires des scieries, ou qui pourraient leur être remises en contravention à la défense ci-dessus, doivent être confisquées. (2)

Il est en outre défendu aux usagers d'abattre la glandée, les faînes , et autres fruits des arbres ; de les amasser ni emporter , sous prétexte d'usage ou autrement , à peine de 100 francs d'amende. (3)

Avant de terminer cet article , on

(1) Règlement du 4 septembre 1601 , et plusieurs arrêts rapportés par Saint-Yon , page 1081.

(2) Décision du ministre des finances , du 16 frimaire an 13.

(3) Ordonnance de 1669, tit. 27 , art. 27,

rappellera que les amendes sont doubles contre les usagers qui se rendent coupables d'enlèvemens et de dégradations de bois ; que la récidive, de leur part, entraîne la perte de leurs droits et coutumes ; qu'ils ne peuvent, à peine de confiscation, envoyer au panage un plus grand nombre de porcs que celui qui a été déterminé par les officiers forestiers ; que les usagers trouvés de nuit avec des haches et autres instrumens dans les forêts, hors les grands chemins, doivent être emprisonnés et condamnés à l'amende ; enfin, qu'ils sont responsables civilement de leurs commis, charretiers, pâtres et domestiques. C'est ce qui résulte des articles 5, 6 et 7 du titre 32 ; 3 du titre 18 ; et 34 du titre 27 de l'ordonnance de 1669, lesquels articles ont été rapportés dans le paragraphe précédent.

L'on verra d'ailleurs que par les articles 2 du titre 17, et 19 du titre 27, qui vont être rapportés dans les deux paragraphes

paragraphes suivans, il est défendu aux usagers de faire des cendres sans permission, à peine d'amende et de confiscation ; qu'il leur est aussi défendu d'ébrancher les chablis, à peine d'être poursuivis comme s'ils avaient coupé de tels arbres par pied.

Les riverains ne peuvent faire l'élagage des arbres de bordure des forêts, sous prétexte qu'ils ne se trouvent pas à la distance prescrite par la loi ou par l'usage. (1)

Marchands, adjudicataires et employés aux exploitations.

Il ne peut être fait aucune vente dans les forêts, bois et buissons royaux, qu'en vertu d'une autorisation de l'administration générale des domaines et forêts, s'il s'agit de coupes ordinaires ; et qu'en vertu d'une ordonnance du Roi , s'il s'agit de vente extraordinaire, à peine de restitution du quadruple de la valeur

_____

(1) Code civil, art. 636.

3

des bois vendus, contre les adjudicataires. (1)

Les marchands, adjudicataires, ni
autres particuliers, de quelque qualité
que ce soit, ne peuvent faire aucune
association secrète, ni empêcher, par
voies indirectes, les enchères sur les
bois mis en vente ; et dans le cas où
ils se trouveraient convaincus de monopole ou complot concerté entre eux,
par paroles ou par écrit, de ne point
enchérir les uns sur les autres, ils
doivent être condamnés, outre la
confiscation, à une amende arbitraire,
qui ne peut être au-dessous de 1000 f. (2)

L'adjudicataire ne peut avoir plus de
trois associés, qu'il est tenu de nom-
mer au secrétariat du lieu de la vente,

---

(1) Ordonnance de 1669, tit. 15, art. 1. —
Loi du 29 septembre 1791, tit. 7, art. 7. —
Instruction de l'administration générale des eaux
et forêts, du 7 prairial an 9, § 1.er, art. 4.

(2) Ordonnance de 1669, tit. 15, art. 23.

et qui font avec lui soumission de satisfaire à toutes les charges de l'adjudication, à peine de 1000 francs d'amende contre lui, et de déchéance de la société contre les associés. (1)

Les ventes ne peuvent être changées en tout ou en partie, sous quelque prétexte que ce soit, après l'adjudication, sous peine de punition exemplaire contre les officiers, et de perte de leurs places ; et de restitution du quadruple et d'amende contre les adjudicataires, sans que cette peine puisse être modérée, sous quelque prétexte que ce soit. (2)

L'adjudicataire de bois de futaie dans les forêts royales, dans lesquelles ils s'emploient en ouvrages, est tenu d'avoir un marteau, dont il remet l'empreinte au greffe, pour marquer les bois qu'il vend en pied, sans qu'il puisse

---

(1) Ordonnance de 1669, tit. 15, art. 24.
(2) *Ibid.* art. 14.

en débiter de cette qualité , qu'ils
n'aient cette marque ; et d'avoir , lui ,
ses facteurs ou gardes-ventes , un regître dans lequel sont écrits les noms ,
surnoms et domicile de ceux auxquels
ils vendent du bois , la quantité et le
prix , à peine de 100 fr. d'amende ,
et de confiscation ; sans que plusieurs
associés puissent avoir plus d'un marteau , ni marquer d'autres bois que
ceux de leurs ventes, à peine d'être
punis comme faussaires. (1)

Si, néanmoins, un marchand avait
plusieurs ventes, et que pour la distance des lieux, il fût obligé d'y tenir
différens regîtres ; en ce cas, il peut
avoir autant de marteaux que de regîtres, et de même marque , pourvu qu'il
en ait fait faire procès verbal et empreinte, comme il est dit ci-dessus. (2)

_____

(1) Ordonnance de 1669, tit. 15 , art. 37.
— Arrêt de la cour de cassation , du 21 février 1806.

(2) Ordonnance de 1669, tit. 15 , art. 37.

Les adjudicataires sont en outre obligés de tenir regître des billets et étiquettes par eux délivrées aux personnes qui exposent des bois en vente dans les villes et villages voisins des forêts. (1)

Les bois, tant de futaie que de taillis, doivent être coupés, et les traite et vidange doivent en être faites dans les délais déterminés par le cahier des charges, à peine d'amende arbitraire, et de confiscation des bois sur pied et abattus, contre les adjudicataires. (2)

Après l'expiration de ce délai, l'adjudicataire ne peut plus extraire aucun arbre de la coupe, lors même qu'il en aurait obtenu la permission d'un agent forestier (3), qui dans ce cas, encour-

---

(1) Réglemens de 1587, art. 12; des 13 novembre 1597, art. 16, 4 septembre 1601, art. 36, rapportés par Saint-Yon, page 1107.

(2) Ordonnance de 1669, tit 15, art. 40. —Arrêt de la cour de cassation, du 29 mai 1807.

(3) Ordonnance de 1669, tit. 15, art. 40. — Arrêt de la cour de cassation, du 24 mai 1811.

rait pareille peine d'amende arbitraire
et celle de la destitution. (1)

Si toutefois les marchands étaient
obligés , par de justes considérations ,
de demander quelque prorogation de
délai , pour couper et vider les ventes ,
ils doivent se pourvoir dans le délai ,
et de la manière indiquée par le cahier
des charges. (2)

Un tribunal qui accorderait une prorogation de cette espèce , commettrait
une usurpation sur le pouvoir admi-
nistratif et franchirait les bornes posées
à sa compétence. (3)

Les futaies doivent être coupées le
plus bas que faire se peut, et les taillis
abattus à la cognée, à fleur de terre,
sans les écuisser ni éclater , en sorte
que les brins des cépées n'excèdent la
superficie de la terre, s'il est possible,

---

(1) Ordonnance de 1669, tit. 15 ; art. 47.

(2) *Ibid.* art. 41.

(3) Arrêt de la cour de cassation , du 9 février 1814.

et que tous les anciens nœuds recou-
verts et causés par les précédentes
coupes, ne paraissent aucunement. (1)

Les arbres doivent être abattus de
manière qu'ils tombent dans les ventes,
sans endommager les arbres retenus,
à peine de dommages-intérêts contre
les marchands ; et s'il arrivait que les
arbres abattus demeurassent encroués,
les marchands ne peuvent faire abattre
l'arbre sur lequel celui qui est tombé
se trouve encroué, sans la permission
du conservateur ou des officiers forestiers, après avoir pourvu à l'indemnité
due au gouvernement. (2)

Les bois des cépées ne peuvent être
abattus et coupés à la serpe ou à la
scie, mais seulement à la cognée, à
peine, contre les marchands qui les
exploiteraient, de 100 f. d'amende, et

---

(1) Ordonnance de 1669, tit. 15, art. 42.
(2) *Ibid.* art. 43.

de confiscation de leurs marchandises et outils des ouvriers. (1)

Il est enjoint aux adjudicataires de faire couper, receper et ravaler le plus près de terre que faire se pourra, toutes les souches et estocs de bois pillés et rabougris étant dans les ventes, et aux officiers d'y avoir l'œil et tenir la main, à peine de suspension. (2)

Ne peuvent, les marchands adjudicataires, retenir dans leurs ventes d'autres bois que ceux qui en proviennent, à peine d'être punis comme s'ils avaient volé les bois ainsi retirés. (3)

Il est défendu à tout marchand, ou autre personne de faire travailler nuitamment ni les jours de fête, dans les ventes en coupe, et d'y prendre et enlever des bois, à peine de 100 francs d'amende. (4)

_____

(1) Ordonnance de 1669, tit. 15, art. 44.
(3) *Ibid.* art. 45.
(3) *Ibid.* art. 44.
(4 *Ibid.* art. 48.

Les adjudicataires sont responsables des délits qui se commettent dans leurs ventes, passibles des amendes prononcées par la loi, et soumis à la juridiction des tribunaux correctionnels, jusqu'à ce qu'ils aient obtenu une décharge définitive. (1)

L'adjudicataire dont la vente a été endommagée par quelque accident ou par l'effet de la force majeure, ne peut espérer de mettre sa responsabilité à couvert, qu'autant qu'il a fait constater les dégats par un procès verbal valable, et qu'il en a fait la remise aux préposés de l'administratinn dans les délais prescrits. (2)

L'adjudicataire est même responsable des délits commis dans la vente par les usagers, s'il n'a point fait son rap-

(1) Arrêts de la cour de cassation, des 6 germinal an 10, 21 février 1805, et 9 octobre 1807.

(2) Arrêts de la cour de cassation, des 21 germinal an 7, et 23 janvier 1807.

port et livré aux poursuites de l'administration les auteurs de ces délits, sauf son recours contre ces derniers. (1)

Les adjudicataires demeurent responsables de tous les délits qui se font à l'ouïe de la cognée ; c'est-à-dire , à la distance de 366 mètres pour la futaie, et 183 mètres pour les taillis, si leurs facteurs ou gardes-ventes n'en font leur rapport (2), et ne le remettent aux officiers forestiers dans le délai prescrit. (3)

Mais avant l'exploitation , chaque adjudicataire peut faire procéder au souchetage, c'est-à-dire à la reconnaissance des délits qui pourraient avoir été commis aux environs des ventes à l'ouïe de la cognée , dans les formes

----

(1) Arrêt de la cour de cassation, du 23 mars 1811.

(2) Ordonnance de 1669 , tit. 15 , art. 51.

(3) Arrêt de la cour de cassation , du 23 janvier 1807.

déterminées par la loi et par le cahier des charges. (1)

L'adjudicataire qui n'a point usé de cette faculté, ne peut être admis à prouver que les arbres manquant aux environs de la vente ont été coupés antérieurement à l'adjudication. (2)

Il est défendu à tous marchands adjudicataires des bois royaux et de ceux des particuliers joignant les forêts royales, et même aux propriétaires qui les font user, d'en donner aux bûcherons et autres ouvriers pour leur salaire, à peine de répondre de tous les délits qui seront commis dans les forêts royales, pendant les usances et jusqu'au récolement des ventes ; et aux bûcherons et autres ouvriers travaillant dans les forêts royales, d'emporter, sortant des ateliers, aucun bois

(1) Ordonnance de 1669, tit. 15, art. 5o.

(2) Arrêt de la cour de cassation, du 20 juillet 1810. — Cahier des charges de 1817, art. 42.

scié, fendu ou d'autre nature, à peine de 50 fr. d'amende, pour la première fois, et de punition en cas de récidive. (1)

Il est aussi défendu aux marchands et à leurs associés de tenir aucuns ateliers et loges et de faire ouvrer bois ailleurs que dans les ventes, sous peine de 100 francs d'amende et de confiscation. (2)

Les fosses à charbon doivent être placées aux endroits les plus vides et les plus éloignés dés arbres et du recru, et les marchands tenus de les repeupler et restituer, si l'ordre leur en est donné, avant qu'ils puissent obtenir leur congé de cour, à peine d'amende arbitraire. (3).

Il est défendu aux marchands ventiers, usagers et à toutes autres per-

---

(1) Ordonnance de 1669, tit. 27, art. 26.

(2) *Ibid.* art. 29.

(3) *Ibid.* art. 22.

sonnes de faire cendres dans les forêts
royales, ni dans celles des communes,
hospices et autres établissemens publics,
sans en avoir obtenu la permission;
aux usufruitiers et aux officiers forestiers de le souffrir, à peine d'amende
arbitraire, de confiscation des bois
vendus, ouvrages et outils, et privation
de charges contre les officiers. (1)

Ceux qui en auraient obtenu permission suffisante, ne pourront faire
les cendres qu'aux endroits désignés
par les conservateurs ou les officiers
forestiers. (2)

Les ateliers de cendres ne peuvent
être faits ailleurs que dans les ventes;
et les cendres ne peuvent être transportées, que les tonneaux ne soient
marqués du marteau des marchands;
sous peine d'amende arbitraire et de
confiscation. (3)

_____

(1) Ordonnance de 1669, tit. 27, art. 19.
(1) *Ibid.* art. 20.
(3) *Ibid.* art. 21.

Il est défendu à tous marchands de
peler les bois de leurs ventes , étant
debout et sur pied , sous peine de 500 fr.
d'amende et de confiscation. (1)

Les adjudicataires des ventes royales
et communales , et des coupes faites
dans les bois appartenant à des établissemens publics , ne peuvent distraire en aucune manière les arbres
martelés pour la marine , ni en disposer de quelque façon que ce soit , sous
peine de 3000 fr. d'amende et de confiscation des bois. (2)

Ils sont tenus de les vendre et livrer
aux fournisseurs de la marine , suivant
les prix et conditions établis par les
règlemens. (3)

----

(1) Ordonnance de 1669 , tit. 27 , art. 28.

(2) Arrêt du conseil , du 23 juillet 1748. —
Arrêt de la cour de cassation , du 6 germinal
an 10. — Arrêté du gouvernement , du 26 floréal an 11. — Ordonnance du Roi , du 28 août
1816 , art. 4.

(3) Arrêt du conseil , du 26 septembre 1700,

Les adjudicataires des coupes des forêts royales et communales, et d'établissemens publics sont tenus de mettre à part tout le bois de bourdaine de trois, quatre et cinq ans de crue qui se trouvera dans lesdites ventes, et d'en faire des bottes ou bourrées de deux mètres de longueur sur un mètre cinquante centimètres de grosseur, à peine de 100 fr. d'amende. Le prix de ces bois leur est payé à raison de 30 cent. la botte ou bourrée, par les préposés de l'administration des poudres. (1)

Si, par les procès verbaux de réarpentage, il se trouve de la surmesure entre les pieds corniers, le marchand doit être condamné à la payer à pro-

---

art. 2. — Règlement du Roi, du 16 décembre 1786, art. 14. — Arrêté du 18 mai 1803, art. 7. — Ordonnance du Roi, du 28 août 1816, art. 5.

(1) Arrêt du conseil, du 11 janvier 1689, rappelé par l'arrêté du gouvernement, du 25 fructidor an 11. — Décret du 16 floréal an 13.

portion du prix principal et des charges de la vente; et s'il s'en trouve moins,
ce qui manque doit lui être rabattu à
proportion, ou remboursé en argent
sur les ventes de l'année suivante, sans
qu'il soit permis de donner récompense
en bois, ni de faire compensation en
espèce de la surmesure avec le manque
de mesure. (1)

La demande de l'administration pour
le paiement de la surmesure peut être
faite validement, même lorsqu'une
année s'est écoulée depuis l'adjudication. (2)

S'il se rencontre quelqu'outre-passe
ou entreprise au-delà des pieds corniers,
le marchand doit être condamné de
payer le quadruple, à raison du prix
principal de son adjudication à l'hectare et are (3), au cas que les bois où

(1) Ordonnance de 1669, tit. 16, art. 8.

(2) Arrêt de la cour de cassation, du 5 novembre 1812.

(3) Ordonnance de 1669, tit. 16, art. 9.

elle est faite soient de même essence
que celui de la vente ; s'ils étaient de
meilleure nature, qualité et plus âgés,
le marchand serait tenu d'en payer
l'amende et restitution au mètre de
tour. (1)

Il ne peut être donné aucun bois par
forme de remplage, sous prétexte de
places vides et de chemins qui se sont
rencontrés dans les ventes ; mais l'adjudication en est faite en l'état qu'elles
se trouvent, à peine de restitution du
quadruple contre les marchands qui
auraient obtenu le remplage, et de
3000 fr. d'amende, avec destitution
contre les officiers forestiers qui l'auraient donné. (2)

L'adjudicataire qui ne représente
point les baliveaux, arbres de lisière,
parois, tournans et pieds corniers lais-

---

(1) Ordonnance de 1669, tit. 16, art. 9.

(2) *Ibid.* — Arrêt de la cour de cassation, du
6 août 1807.

sés à sa garde, est tenu de les payer,
comme il a été dit ci-dessus au §. 1.er,
contenant les *dispositions générales* (1);
soit que ces arbres dépendent des ventes dont il est adjudicataire, ou de
celles des années précédentes. (2)

L'insinuation de nouveaux adjudicataires dans une coupe de bois non
vidée ni récolée, ne met pas les premiers adjudicataires à l'abri des poursuites pour raison des baliveaux manquans. (3)

Aucune compensation ne peut être
admise à cet égard; c'est-à-dire que
l'adjudicataire ne pourrait être déchargé de l'amende par lui encourue, sous
prétexte qu'il aurait laissé des arbres à
lui adjugés qui se trouveraient de la

---

(1) Ordonnance de 1669, tit. 26, art. 10.

(2) Arrêt du conseil, du 7 février 1705.

(3) Deux arrêts de la cour de cassation, du
2 novembre 1810.

même valeur que ceux qu'il devait réserver. (1)

Enfin les baliveaux marqués, même lorsqu'ils se trouvent en plus grand nombre que ceux portés par le procès verbal de martelage, doivent être représentés par l'adjudicataire, sous les peines ci-dessus spécifiées. (2)

Les adjudicataires sont en outre tenus de se conformer à toutes les clauses et conditions contenues au cahier des charges des adjudications, sous les peines y portées.

Il est bon de rappeler ici qu'il résulte des art. 5, 6 et 7 du tit. 42, et 3 du tit. 18 de l'ordonnance de 1669, et de la jurisprudence de la cour de cassation,

1.º Que les amendes pour enlèvement et dégradation de bois, sont dou-

_____

(1) Arrêts de la cour de cassation, des 7 avril 1806 et 16 août 1811.

(2) *Idem*, des 6 germinal an 10 et 16 août 1811.

bles , lorsqu'elles sont encourues par les marchands ventiers, leurs facteurs, gardes-ventes, maîtres de forges , et tous autres employés à l'exploitation des forêts et des ateliers des bois en provenant , quelle que soit l'heure à laquelle ces délits ont été commis (1) ; 2.° que les marchands doivent être privés de leurs ventes en cas de récidive ; 3.° Qu'ils sont civilement responsables, ainsi que les maîtres de forges, de leurs commis, charretiers, pâtres et domestiques ; 4.° que l'enlèvement de l'empreinte du marteau qui s'applique aux arbres de réserve, constitue véritablement le crime de faux , lorsqu'il y a été procédé méchamment et dans le dessein de se les approprier (2) ; qu'il en est de même de l'application d'une fausse marque , avec l'intention de la

(1) Arrêt de la cour de cassation , du 6 avril 1807.

(2) Arrêt de la cour de cassation , du 14 août 1812.

faire passer pour la marque de l'état, à l'aide de quelque instrument que ce soit (1), et que la connaissance de ces crimes de faux sont de la compétence des cours spéciales. (2)

Préposés de l'administration et officiers des chasses.

Les gardes sont responsables de toutes négligences ou contraventions dans l'exercice de leurs fonctions, ainsi que de leurs malversations personnelles.

Par suite de cette responsabilité, les gardes sont tenus des indemnités et amendes encourues par les délinquans, lorsqu'ils n'ont pas dûment constaté les délits; et le montant des condamnations qu'ils subissent est retenu sur leur

---

(1) Arrêt de la cour de cassation, du 21 octobre 1813.

(2) Loi du 23 floréal an 10, art. 2. — Code pénal, art. 140. — Arrêts de la cour de cassation, des 8 messidor an 13 et 9 avril 1807.

traitement , sans préjudice de toutes autres poursuites. (1)

Ils doivent faire , de trois mois en trois mois , un rapport du nombre des bornes étant autour et faisant les limites des bois et forêts royales ; de leur état et de celui des fossés et haies étant en leur garde , contenant les défauts qu'ils y auront remarqués ; faute de donner sur ce les avis et éclaircissemens nécessaires , les gardes en demeurent responsables , et sont punis d'amendes ou de destitution , ou de l'un et de l'autre ensemble , eu égard à la qualité du fait. (2)

Ils ne peuvent faire commerce de bois , ni tenir atelier ou amas en leurs maisons , prendre ventes ou s'associer avec les marchands , tenir cabaret ou

---

(1) Loi du 29 septembre 1791 , tit. 14 , art. 1 et 2 , conformes à l'ordonnance de 1669, tit 10, art. 9.

(2) Ordonnance de 1669 , tit. 10 , art. 10.

hôtellerie, ni boire avec les délinquans qui leur sont connus, à peine de 100 f. d'amende pour la première fois, et de plus grande avec destitution en récidive. (1)

S'il se trouve quelques arbres qui aient été abattus, arrachés ou rompus par l'impétuosité des vents, ou par quelques autres accidens, le garde dressera procès verbal sur son regître, de leur qualité, nature et grosseur, et du lieu où il les aura trouvés, et observera si en tombant ils en ont rompu ou touché d'autres par leur chute; duquel procès verbal il est tenu d'envoyer expédition dans trois jours aux officiers forestiers, à peine de 5o fr. d'amende. (2)

S'il se trouve que des gardes aient abusé de leurs armes, chassé ou tiré aucun gibier, de quelque espèce que ce

_____

(1) Ordonnance de 1669, tit. 10, art. 12.

(2) *Ibid.*, tit. 17, art. 1.

soit, dans les forêts royales ou à la campagne, ils sont punis par amende, destitution et bannissement des forêts. (1)

Les gardes ne peuvent retirer ou annuller les procès verbaux qu'ils ont dressé, à peine de prévarication. (2)

Le trafic que des gardes peuvent faire de l'exercice du pouvoir qui leur est confié, en recevant du bois de chauffage provenant d'arbres abattus en délit, etc., constitue un crime dont la connaissance appartient aux cours d'assises. (3)

L'arpenteur qui, par connivence, faveur ou corruption, célerait un transport ou arrachement de bornes, souffrirait ou ferait lui-même un changement de pieds corniers, serait dès la première fois privé de sa commission,

_____

(1) Ordonnance de 1669, tit. 10, art. 14.

(2) Arrêt de la cour de cassation, du 6 vendémiaire an 10.

(3) *Idem*, du 12 décembre 1812.

condamné

condamné à l'amende de 500 f. et banni pour toujours des forêts royales. (1)

Il est défendu aux arpenteurs et gardes de faire les routes plus larges d'un mètre pour passer les porte-chaînes et les marchands qui iront visiter les ventes, à peine de 100 fr. d'amende et de la restitution du double de la valeur des bois abattus. (2)

Les bois abattus dans les laies et tranchées ne peuvent être enlevés ; ils demeurent au profit de l'adjudicataire et lui appartiennent, sans que les arpenteurs ni les gardes y puissent prétendre aucune part. Il leur est fait défenses d'enlever ces bois, à peine de 100 f. d'amende et d'interdiction. (3)

Les particuliers qui achèteraient du bois de cette espèce, seraient considérés comme complices des gardes, et

(1) Ordonnance de 1669, tit 11, art. 8.
(2) *Ibid.*, tit. 15, art. 7.
(3) *Ibid.*, art. 8.

4.

condamnés solidairement avec eux. (1)

L'ordonnance de 1669, tit. 15, article 90, punissait d'amende arbitraire et d'interdiction les arpenteurs dont les opérations se trouvaient erronées de plus d'un arpent sur vingt ; maintenant les erreurs de mesure, lorsqu'elles excèdent un hectare sur quarante, sont à la charge de ceux qui ont fait l'arpentage. (2)

Si dans un mesurage l'arpenteur commet jusqu'à trois fois erreur d'un hectare sur vingt, de la quantité fixée pour l'assiette, il sera privé de sa commission. (3)

Les officiers forestiers sont responsables de leurs faits personnels, ainsi que des malversations, contraventions et négligences des gardes et autres leurs

_____

(1) Arrêt de la cour de cassation, du 9 février 1811.

(2) Loi du 29 septemb. 1791, tit. 14, art. 8.

(3) Instruction pour les arpenteurs forestiers, publiée par l'administration le 9 frimaire an 10.

subordonnés , qu'ils n'auraient pas constatées. (1)

S'il arrivait que lesdits officiers fussent convaincus d'avoir commis supposition ou fraude dans leur rapport , ils seraient condamnés au quadruple , destitués , bannis des forêts , et punis corporellement comme fauteurs et prévaricateurs. (2)

Les mêmes officiers ne peuvent donner aucunes permissions, soit verbalement, soit par écrit, de couper ou arracher aucuns bois, ni de mener pâturer leurs bestiaux dans les forêts royales, à peine de 300 fr. d'amende. (3)

Ne peuvent les employés de l'administration tenir tavernes , ni exercer aucun métier où l'on emploie le bois, à peine de destitution et de 5o fr. d'amende , outre la confiscation des

(1) Loi du 29 septembre 1791, tit. 14 , art. 3, 4 , 5 et 6.
(2) Ordonnance de 1669 , tit. 32 , art. 26.
(3) *Ibid.* , tit. 2 , art. 6.

bois qui se trouveraient en leurs maisons. (1)

Les officiers forestiers doivent veiller
à la conservation des chablis, et empêcher qu'ils ne soient pris, enlevés ou
ébranchés par les usagers et autres,
sous prétexte de coutume et usage quel
qu'il puisse être; et en cas qu'il s'en
trouve de coupés par tronc ou ébranchés, ils en feront leurs rapports, de
même que s'ils avaient été abattus par
pied, et poursuivront contre les délinquans les condamnations au mètre
de tour, à peine d'amende arbitraire
et d'en répondre en leurs noms. (2)

Ils doivent reconnaître les chablis
désignés par les procès verbaux des gardes, et les marquer du marteau royal,
à peine d'amende arbitraire, et d'en
répondre en leur privé nom. (3)

_____

(1) Ordonnance de 1669, tit. 27, art. 31.
(2) *Ibid.*, art. 2.
(3) *Ibid.*, tit. 17, art. 3.

Il leur est défendu de vendre aucun
arbre *en étant*, sous prétexte qu'ils auraient été fourchés ou ébranchés, à
peine d'amende arbitraire. (1)

Les officiers forestiers doivent s'opposer, 1.º à ce qu'il soit enlevé dans l'é-
tendue et aux reins des forêts royales,
sable, terre, marne et argile, et à ce
qu'il y soit fait de la chaux, à 714 mètres, à peine de 500 fr. d'amende ;
2.º à ce qu'il soit ouvert aucune car-
rière dans l'étendue et aux reins desdites forêts, à peine d'interdiction, et
de répondre en leur pur et privé nom,
de tous dommages-intérêts en résultant ; 3.º à ce qu'il soit fait cendres
dans lesdites forêts sans permission, à
peine d'amende arbitraire et de destitution ; 4.º à ce que les ventes soient
changées, en tout ou en partie, après
les adjudications, à peine de punition
exemplaire et de destitution. C'est ce

_____

(1) Ordonnance de 1669, tit. 17, art. 5.

qui résulte des art. 12 et 19 du tit. 27 ; 14 du tit. 15 de l'ordonnance de 1669, et de l'arrêt du conseil, du 30 décembre 1690 , rapportés ci-dessus , §. 1.er

Les officiers forestiers qui auraient donné aux adjudicataires du bois par forme de remplage , sous prétexte de places vides , ou de chemins traversant lesdites ventes , seraient condamnés à une amende de 3000 f. et destitués, suivant l'art. 13 du tit. 15 de l'ordonnance de 1669, rapporté ci-dessus.

Si les officiers forestiers , arpenteurs et gardes se rendaient coupables de délits commis depuis le coucher jusqu'au lever du soleil , par scie ou par feu, ils encourraient des amendes doubles de celles auxquelles sont condamnés les particuliers ; et en cas de récidive, ils seraient destitués. (1)

_____

(1) Ordonnance de 1669, tit. 32, art. 5 et 6. — Arrêt de la cour de cassation , du 12 janvier 1809.

Les officiers des chasses qui commettraient de tels délits, seraient punis des mêmes peines, conformément auxdits articles.

Les officiers des chasses et les officiers forestiers, tant ceux des arrondissemens où se trouvent les ventes, que tous autres sans distinction, leurs enfans, gendres, frères, beau-frères, oncles, neveux, cousins germains ne peuvent prendre part aux adjudications, soit comme parties principales, associés, pleiges ou cautions, à peine contre les officiers adjudicataires, de confiscation des ventes, de privation de leurs places et d'amende arbitraire ; et contre leurs parens et alliés, de pareille peine de confiscation et d'amende arbitraire. (1)

_____

(1) Ordonnance de 1669, tit. 15, art. 22.

CHAPITRE III.

Des délits commis dans les bois des communes, des hospices et autres établissemens publics.

Les amendes, peines et condamnations pour délits commis dans les forêts appartenant aux communes, hospices et autres établissemens publics, sont en général les mêmes que celles qui concernent les délits commis dans les forêts appartenant à l'état. (1)

Ainsi, ce qui a été dit au chapitre précédent, concernant les forêts royales, s'applique aux bois des communes, hospices et autres établissemens publics, notamment pour l'extraction des sables, terres, marnes et argile ; l'ouverture des carrières, l'enlèvement des plants de chêne, et autres arbres ; la coupe

(1) Ordonnance de 1669, tit. 24, art. 11, et tit. 32, art. 28.

des arbres sur pied (1); les dommages
que l'on porte aux arbres en les éhoupant, ébranchant, déshonorant, en
les charmant ou les pelant; la coupe
des étalons, baliveaux, parois, arbres
de lisière, pieds corniers et autres arbres de réserve, l'enlèvement des herbages, des feuilles mortes (2), des
glands, des faînes et autres fruits; les
dégats commis par les bestiaux dans
les bois de futaie (3); le feu allumé
dans les bois; la confection des cendres, les ateliers des cercliers, vanniers, tourneurs, sabotiers; les fours
à chaux; les fosses à charbon; le paiement des bûcherons; les usagers de
toute espèce; les adjudicataires et les
employés de l'administration.

Mais certains délits commis dans les

(1) Arrêt de la cour de cassation, du 19 avril
1810.
(2) *Idem*, du 20 juillet 1811.
(3) *Idem*, du 22 février 1811.

bois appartenant aux communes, hospices et autres établissemens publics, sont punis de peines particulières et différentes de celles qui concernent les forêts royales, ainsi qu'on va le voir.

Il est défendu à toutes personnes indistinctement de défricher, faire défricher ou souffrir qu'il soit défriché, quand elles pourront s'y opposer, aucuns bois ni pâtis appartenant aux communes, à peine de 1000 f. d'amende, de confiscation des terres défrichées, et de prison contre les habitans, qui sont en outre obligés de rétablir les lieux à leurs frais. (1)

Toute personne qui aura allumé du feu dans les champs, plus près de quatre-vingt-dix-sept mètres des bois et bruyères, sera condamnée à une amende égale à la valeur de douze journées de travail, et payera en outre le dommage

----

(1) Arrêt du conseil, du 29 mars 1735, confirmatif de ceux des 28 juin 1701, 7 novembre 1713, 16 mars 1724, et 22 février 1729.

que le feu aura occasionné. Le délinquant pourra de plus, suivant les circonstances, être condamné à la détention de police municipale. (1)

Le maraudage ou enlèvement de bois
fait à dos d'homme, dans les bois taillis
et futaie, ou autres plantations d'arbres des particuliers ou communautés,
sera puni d'une amende double du dédommagement dû au propriétaire. La
peine de la détention pourra être de
trois mois, suivant la gravité des circonstances. (2)

Le vol dans les bois taillis, futaies et
autres plantations d'arbres des particuliers ou communautés, exécuté à charge
de bête de somme ou de charrettes,
sera puni par une détention qui ne
pourra être moindre de trois jours, ni
excéder six mois. Le coupable paiera
en outre une amende triple de la va-

---

(1) Loi du 28 septembre 1791, tit. 2, art. 10.
(2) *Ibid.*, art. 36.

leur du dédommagement dû au propriétaire. (1)

Les dégats faits dans les bois taillis
des particuliers ou des communautés,
par les bestiaux ou troupeaux, seront
punis de la manière suivante :

Il sera payé d'amende pour une bête
à laine, 1 fr. ; pour un cochon, 1 fr.;
pour une chèvre, 2 fr. ; pour un cheval ou autre bête de somme, 2 fr. ;
pour un bœuf, une vache ou un veau,
3 francs.

Si les bois taillis sont dans les six
premières années de leur croissance,
l'amende sera double.

Si les dégats sont commis en présence
du pâtre, et dans les bois taillis de
moins de six années, l'amende sera
triple.

S'il y a récidive dans l'année, l'amende
sera double; et s'il y a réunion des deux

_____

(1) Loi du 28 septembre 1791, tit. 2, art. 37.
— Arrêt de la cour de cassation, du 11 vendémiaire an 14.

circonstances précédentes, ou récidive avec une des deux circonstances, l'amende sera quadruple.

Le dédommagement dû au propriétaire sera estimé de gré à gré, ou à dire d'experts. (1)

Il est défendu aux maires, adjoints et habitans des communes sans distinction, de faire aucune coupe au triage du quart de réserve pour la futaie, et aux officiers forestiers de le permettre ou souffrir, à peine de 2000 f. d'amende contre chaque particulier contrevenant ; et en outre, contre les officiers forestiers, de privation de leurs places ; sauf, en cas d'incendie ou ruine totale des églises, portes, ponts, murs et autres lieux publics, à se pourvoir pour obtenir l'autorisation du Roi. (2)

_____

(1) Loi du 28 septembre 1791, tit. 2, art. 38. — Arrêt de la cour de cassation, du 20 prairial an 11.

(2) Ordonnance de 1669, tit. 25, art. 8. — Arrêté du directoire exécutif, du 8 thermidor an 4.

Si pour le plus grand avantage de la commune, il est jugé à propos qu'il se fasse vente des coupes ordinaires, les deniers en provenant sont versés entre les mains du percepteur de la commune, et ne peuvent être employés qu'aux réparations extraordinaires ou affaires urgentes de la commune, d'après les ordonnances qui en sont délivrées par le préfet du département, à peine de répétition du quadruple, et de 500 f. d'amende contre les maires, adjoints ou principaux habitans qui les auraient divertis. (1)

Les coupes doivent être faites à tire-aire, à fleur de terre, par gens entendus, choisis aux frais de la communauté, capables de répondre de la mauvaise exploitation, pour être ensuite distribuées, suivant la coutume. (2)

Le partage des bois d'affouage autres

_____

(1) Ordonnance de 1669, tit. 25, art. 12.
(2) *Ibid.*, art. 11.

que les futaies , se fait par tête d'habitans. (1)

L'affouager ne peut faire aucun trafic
des bois qui lui sont délivrés , ni les
employer autrement que pour l'objet
à raison duquel il les a obtenus. (2)

Aucune exploitation dans les bois
communaux ne peut être faite que dans
l'intérêt commun de tous les habitans :
aucun d'eux ne peut dans son intérêt
particulier faire des coupes dans lesdits
bois. (3)

Les administrateurs des hospices et
autres établissemens publics ne peuvent
couper aucun arbre de futaie ou baliveaux sur taillis, ni toucher au quart
mis en réserve, ou rien entreprendre
au-delà des coupes ordinaires ou réglées , ni même faire aucune coupe de

_____

(1) Arrêté du gouvernement, du 19 frimaire
an 11.

(2) Arrêt de la cour de cassation , du 13 octobre 1809.

(3) *Idem* , du 27 février 1807.

broussailles ou genièvres (1) sans une autorisation du gouvernement , à peine d'amende arbitraire et de restitution du quadruple de la valeur des bois coupés ou vendus. (2)

Les administrateurs légaux des communes, hospices et autres établissemens publics, ne peuvent sans autorisation préalable , émanée de l'administration générale des domaines et forêts, ou par elle transmise, faire aucun abattage sur les plantations de commune à commune , ni sur celles qui appartiennent en propre à ces communes, hospices et autres établissemens publics , soit que les arbres soient sur les places communales , chemins vacans, cimetières et autres lieux. (3)

_____

(1) Arrêt de la cour de cassation , du 13 février 1812.

(2) Ordonnance de 1669, tit. 24 , art. 4. — Arrêtés du directoire exécutif, des 8 thermidor an 4, 3 fructidor an 5 , et 3 prairial an 8.

(3) Instruction publiée par l'administration générale des eaux et forêts, le 7 prairial an 9,

Tous les arbres marqués pour le service de la marine dans les forêts communales et d'établissemens publics, ne
peuvent être distraits de leur destination, sous les peines portées par les
lois. (1)

Il est bon d'observer, en terminant
ce chapitre, 1.e que la restitution et les
dommages-intérêts prononcés à raison
des délits commis dans les bois communaux, appartiennent aux communes
propriétaires, et que le montant doit
en être versé dans la caisse des percep-
teurs. (2)

2.° Que les amendes et confiscations
prononcées à raison des mêmes délits
appartiennent à l'état. (3)

---

§. 2, art. 39. — Autre instruction du 25 ventôse an 11, page 2.

(1) Arrêté du gouvernement, du 28 floréal
an 11, art. 15. — Ordonnance du Roi du 28
août 1816, art. 3.

(2) Ordonnance de 1669, tit. 25, art. 22.

(3) *Ibid.*, tit. 25, art. 21, et tit. 32, art. 9
et 28.

3.° Que les bois de délits, saisis dans les forêts communales, lorsque les auteurs du délit n'ont pu être reconnus, doivent être vendus au profit de l'état. (1)

CHAPITRE IV.

Des délits commis dans les bois des particuliers.

Les lois rendues sur les bois des particuliers sont de deux sortes : les unes imposent des obligations aux propriétaires de ces bois ; les autres sont relatives aux étrangers qui y commettent des délits.

Les premières ont pour objet, les défrichemens et l'exploitation des futaies. (2)

_____

(1) Arrêt de la cour de cassation du 16 février 1807. — Décisions de S. Exc. le ministre des finances des 13 octobre 1809, et 10 octobre 1810.

(2) L'ordonnance du Roi du 28 août porte : Art. 8. « La coupe de tous les bois de futaie

Défrichement. Pendant vingt - cinq
ans, à compter de la promulgation de
la loi, aucun bois ne peut être arraché
et défriché que six mois après la décla-

» ou taillis, appartenant à des particuliers,
» quels qu'ils soient, sera soumise aux dispo-
» sitions prescrites par les art. 1 et 2, du tit. 26,
» de l'ordonnance de 1669, en ce qui concerne
» la conservation des bois. »

Lesdits articles sont ainsi conçus :

» Les propriétaires, sans exception ni diffé-
» rence, sont tenus de régler la coupe de leurs
» bois taillis au moins à dix années, avec réser-
» ve de seize baliveaux en chacun arpent ; et
» d'en réserver aussi dix ez ventes ordinaires de
» futaies ; pour en disposer néanmoins à leur
» profit, après l'âge de quarante ans pour les
» taillis, et de six vingts ans pour la futaie.
» Ils doivent, au surplus, observer en l'ex-
» ploitation ce qui est prescrit pour l'usance
» des bois royaux, aux peines portées par les
» ordonnances.

» Les officiers de l'administration forestière
» sont autorisés à faire la visite et inspection
» des bois des particuliers, pour y faire obser-
» ver lesdites ordonnances et réprimer la con-
» travention. »

ration faite par le propriétaire devant
le conservateur forestier de l'arrondissement où le bois sera situé. (1)

L'administration forestière peut, dans
ce délai, faire mettre opposition au
défrichement du bois, à la charge d'en
référer, avant l'expiration des six mois,
au ministre des finances, sur le rapport
duquel le gouvernement statue définitivement dans le même délai (2).

Cependant, sur la réclamation de plusieurs
particuliers propriétaires de bois, le comité
des finances, par son avis du 10 janvier 1817,
approuvé par le ministre des finances, le 15
février suivant, a reconnu que l'art. 6 de la
loi du 29 septembre 1791, n'ayant été rapporté ni infirmé par aucune disposition légis-
lative, l'administration forestière ne pourrait
s'opposer à la coupe des bois de futaie ou taillis,
que des particuliers jugeraient à propos de
faire sur leurs propriétés, soit que l'usage ait
réglé ou non cette coupe avant dix ans. C'est
ce qu'annonce la circulaire de l'administration
du 15 mars 1817, n.º 592.

(1) Loi du 9 floréal an 11, art. 1.
(2) *Ibid*, art. 2.

En cas de contravention à ces dispositions, le propriétaire est condamné
par le tribunal compétent, sur la réquisition du conservateur de l'arrondissement, et à la diligence du procureur du Roi ; 1.º à remettre une égale
quantité de terrain en nature de bois(1) ;
2.º à une amende qui ne peut être au-
dessous du cinquantième, et au-dessus
du vingtième de la valeur du bois arraché. (2)

Faute par le propriétaire d'effectuer
la plantation ou le semis dans le délai
qui lui est fixé, après le jugement, par
le conservateur, il y est pourvu à ses

---

(1) Cette mesure d'intérêt et d'ordre public,
entièrement indépendante de la peine et de la
réparation civile du délit, est obligatoire dans
dans tous les temps ; ainsi, lors même que le
délit de défrichement est prescrit, il y a toujours
lieu à obliger le propriétaire contrevenant, au
repeuplement ordonné par la loi : c'est ce qui
résulte de l'arrêt de cassation, du 8 janvier 1808.

(2) Loi du 9 floréal an 11, art. 2.

frais par l'administration forestière. (1)

Sont exceptés des dispositions ci-dessus, les bois non clos d'une étendue moindre de deux hectares, lorsqu'ils ne sont pas situés sur le sommet ou la pente d'une montagne, et les parcs ou jardins clos de murs, de haies ou fossés attenant à l'habitation principale. (2)

A raison de ce dernier article, il faut observer qu'un particulier ne peut défricher sans déclaration préalable, une étendue de bois moindre de deux hectares, qu'autant que cette étendue est séparée d'autres masses de bois ; autrement la loi pourrait être facilement éludée, puisqu'on détruirait, par exemple, un bois de six hectares, en en défrichant deux hectares chaque année pendant trois ans. (3)

---

(1) Loi du 9 floréal an 11, art. 4.

(2) *Ibid.* art. 5.

(3) Arrêt de la cour de cassation, du 29 germinal an 13.

Les semis ou plantations de bois des particuliers, ne sont soumis qu'après vingt ans aux dispositions ci-dessus. (1)

Les ingénieurs et agens maritimes sont chargés sous le rapport des intérêts de la marine, de veiller concurremment avec les agens de l'administration forestière, à l'exécution des dispositions ci - dessus, relatives aux défrichemens des bois. (2)

Futaies. Conformément au tit. 26 de l'ordonnance de 1669, tous les bois des particuliers, baliveaux sur taillis, avenues, parcs ou arbres épars, destinés à être abattus, à quelque distance qu'ils soient de la mer ou des rivières, sont susceptibles d'être martelés pour le service de la marine, s'ils ont les dimensions requises. (3)

(1) Loi du 9 floréal an 11, art. 6.

(2) Ordonnance du Roi du 28 août 1816.

(3) Arrêts des 29 mars 1695 ; 28 septembre 1700, art. 3 et 1.er mars 1757. — Arrêté du

Tout particulier , sans exception ,
qui possède des bois de futaie , baliveaux sur taillis, arbres épars , avenues, parcs, hors les murs de clôture
des habitations , ne peut couper, faire
vendre ou exploiter des arbres , sans
en avoir fait la déclaration six mois
auparavant au conservateur des forêts,
dans le ressort duquel les bois sont
situés, et sans avoir obtenu la permission d'abattre. (1)

Six mois après la déclaration d'abattre , s'il n'a pas été marqué ou trouvé
d'arbres propres aux constructions dans
les bois destinés à être coupés, les pro-

_____

gouvernement du 28 mai 1803. — Ordonnance
du Roi du 28 août 1816 , art. 6.

(1) Ordonnance de 1669 , tit. 26 , art. 3
et 4. — Arrêts du conseil des 24 février, et
2 mai 1693 ; 29 mars 1695 ; 28 septembre 1700,
article 5 ; 23 juillet 1748 ; 23 juillet 1754 ;
1.er mars 1757. — Loi du 9 floréal an 11 ,
§. 2, art. 9. — Ordonnance du Roi du 28 août
1816.

priétaires

priétaires peuvent librement en disposer. (1)

Tous les arbres martelés dans les bois
des particuliers ne peuvent, sans une
main-levée préalable, être vendus à
d'autres qu'au fournisseur général de la
marine. (2)

Les propriétaires de bois mis en
coupes réglées peuvent cependant vendre leur coupe par adjudication ; mais
dans ce cas, l'adjudicataire est tenu
de livrer au fournisseur général de la
marine, tous les bois martelés pour le
service des constructions, à charge par
celui-ci d'en payer la valeur, qui sera
réglée de gré à gré. (3)

---

(1) Arrêt du conseil du 28 septembre 1800,
art. 8. — Ordonnance du Roi, du 28 août 1816,
art. 9.

(2) Arrêt du 23 juillet 1748 et autres arrêts
déjà cités. — Règlement du Roi du 16 décembre
1786, art. 14. — Ordonnance du Roi du 28
août 1816, art. 10.

(3) Arrêté du 18 mai 1803 , art. 15. —
Ordonnance du Roi du 28 août 1816, art. 13.

5

Les propriétaires de bois de futaie, baliveaux sur taillis, arbres épars, etc., ne doivent couper ni vendre aucun arbre, sans en avoir fait la déclaration six mois auparavant, et sans avoir obtenu la permission d'abattre, se conformant exactement à cette disposition, à peine de 3,000 fr. d'amende et de confiscation des bois, conformément aux lois et notamment à l'arrêt du conseil du 23 juillet 1748. (1)

Lorsqu'il se sera écoulé une année entière après la déclaration, sans que le propriétaire ait fait abattre, il sera tenu d'en faire une nouvelle, avant de pouvoir couper les arbres précédemment déclarés. (2)

Le propriétaire qui pendant les six mois qui suivront la déclaration, aura besoin de quelques arbres pour

_____

(1) Règlement du Roi du 28 août 1816, art. 47.

(2) *Ibid.*, art. 50.

des réparations urgentes des maisons
et chaussées, en fera constater l'ur-
gence par un double certificat du maire
de la commune, et pourra faire abattre la quantité qui lui sera nécessaire
dans les arbres au-dessous d'un mètre
de circonférence, en adressant sa déclaration particulière, accompagnée du
certificat du maire, un mois avant de
couper, à l'inspecteur forestier et à
l'ingénieur de la marine, qui feront
surveiller, chacun en ce qui le concerne, s'il ne se commet pas de délits,
et si l'on n'outre-passe point le nombre
d'arbres désignés. (1)

Quant aux délits commis par autrui
dans les bois des particuliers, les peines
dont ils doivent être punis sont les
mêmes que pour ceux qui se commettent dans les forêts royales. (2)

_____

(1) Règlement du Roi du 28 août 1816, art. 54.

(2) Ordonnance de 1669, tit. 26, art. 5; et
tit. 32, art. 28. — Arrêt de la cour de cassation, du 23 janvier 1813.

Il n'y a d'exception que pour les délits de maraudage, vol et enlèvement de bois dans les taillis et les futaies, et pour les dégats faits par les bestiaux et troupeaux dans les taillis, ou dans les forêts peuplées de sapin ou de tout autre arbre résineux (1). Les peines relatives à ces derniers délits sont prononcées par les articles 36, 37 et 38 du titre 2 de la loi du 28 septembre 1791. Ces articles, communs aux bois des particuliers et à ceux des communes, ont été rapportés au chapitre précédent.

Il faut ajouter que la prohibition portée par l'article 13 du titre 19 de l'ordonnance de 1669, n'est pas seulement relative à l'intérêt des particuliers; elle a aussi pour objet l'intérêt général. Ainsi, si quelqu'un introduit des chèvres ou bêtes à laine dans le

_____

(1) Arrêt de la cour de cassation, du 20 février 1812.

bois d'un particulier, non compris dans
l'exception portée par l'article 5 de la
loi du 9 floréal an 11, il encourt la
peine portée par l'art. 33 du tit. 2 du
code rural, modificatif des dispositions
pénales de l'art. 23 du tit. 19 de l'ordonnance de 1669, lors même qu'il
exciperait du consentement du propriétaire (1), ou de l'approbation de l'autorité administrative locale. (2)

CHAPITRE V.

Des délits commis dans les bois commu-
naux et de particuliers, sur lesquels
l'état a des droits.

Les bois dont il s'agit sont de deux
sortes, savoir : 1.º ceux qui sont tenus
à titre de concession, engagement,

---

(1) Arrêts de la cour de cassation, des 16
octobre et 5 novembre 1807, et 3 septembre
1808.

(2) Arrêt de la cour de cassation, du 20 juillet
1810.

usufruit ou autre titre révocable ; 2.º
les bois en gruerie , grairie , tiers et
danger , et les bois indivis.

Tous ces bois sont soumis au régime
forestier (1). Les délits qui y sont commis sont punis des mêmes peines que
ceux qui ont lieu dans les forêts nû-
ment royales ; c'est ce qui résulte de
l'art. 8 du tit. 22, et de l'art. 9 du
titre 23 de l'ordonnance de 1669, qui
soumettaient ces bois à la juridiction
du grand maître et des officiers des
maîtrises particulières , de la même
manière que les bois et forêts appartenant au domaine.

Mais ces deux sortes de bois ne sont
point entièrement soumis au même
mode d'administration, ainsi qu'on va
le voir.

*Les concessionnaires , engagistes et
usufruitiers* peuvent vendre de gré à

_____

(1) Loi du 29 septembre 1791 , tit. 1 , art. 2
et 3. — Loi du 11 pluviôse an 12, art. 8.

gré, exploiter ou faire exploiter les
bois dont les lois et règlemens leur donnent la jouissance, en se conformant
d'ailleurs par eux ou leurs préposés,
à tout ce qui est prescrit pour l'usance
des autres bois royaux ; c'est ainsi que
le prescrit l'art. 5 du titre 10 de la loi
du 29 septembre 1791 ; mais cette loi
n'ayant pas dérogé à l'article 7 du tit. 22
de l'ordonnance de 1669, on doit en
conclure, qu'ainsi qu'il est porté par
ledit article, aucun fermier ou marchand ne peut s'immiscer dans les coupes, qu'en vertu des assiettes, marte-
telages et délivrances faites par les officiers forestiers, à peine de 3000 fr.
d'amende contre chacun des contrevenans, et de confiscation des ventes.

Ne peuvent, les mêmes concessionnaires, engagistes et usufruitiers, disposer d'aucune futaie, arbres anciens,
modernes ou baliveaux sur taillis,
même de l'âge du bois, réservés des
dernières ventes, ni des chablis, arbres

de délits, amendes, restitutions et confiscations en provenant. (1)

Ne peuvent aussi, ni leurs fermiers, procureurs, agens et receveurs, prendre ou faire couper aucuns arbres anciens, modernes ou baliveaux sur taillis, par arpent ou par pied, pour entretien et réparations des maisons, moulins et bâtimens dépendans du même domaine ou sous aucun autre prétexte, qu'en vertu d'une ordonnance du Roi; à peine de privation, de l'amende et restitution au pied de tour contre les possesseurs, et de condamnation solidaire aux mêmes amende et restitution, tant contre leurs fermiers, agens et receveurs, que contre les marchands et entrepreneurs qui les auraient exploités, et d'interdiction contre les officiers forestiers qui en feraient la délivrance, outre les

_____

(1) Ordonnance de 1669, tit. 22, art. 5 — Loi du 11 pluviôse an 12, art. 9.

mêmes amendes, restitutions, dommages et intérêts, sans modération et sans
recours. (1)

Ces dispositions de l'ordonnance sont
applicables aux bois affectés à la dotation des sénatoreries et de la légion
d'honneur. (2)

Quant aux bois tenus en *gruerie*,
grairie, *tiers et danger*, et *par indivis*,
ils sont régis par l'administration générale des domaines et forêts, comme les
forêts royales. (3)

Les officiers forestiers sont obligés
d'y faire la visite au moins une fois
l'année, et d'en dresser procès verbal ;
le tout à peine d'interdiction, et de
répondre en leurs noms des délits, abus
et malversations. (4)

---

(1) Ordonnance de 1669, tit. 22, art. 6.

(2) Sénatus-consulte du 8 frimaire an 12. —
Arrêté du gouvernement, du 28 ventôse suivant.

(3) Loi du 29 septembre 1791, tit. 11, article unique.

(2) Ordonnance de 1669, tit. 23, art. 19.

S'il se trouve , par les procès verbaux, aucune usurpation ou défrichement entrepris sans autorisation expresse du gouvernement , les auteurs seront condamnés à rétablir les choses dans le premier état , et aux amendes , restitutions , dommages et intérêts, suivant la rigueur des ordonnances. (1)

Toutes les amendes et confiscations adjugées pour ces bois, appartiennent à l'état , sans que les possesseurs y puissent rien prétendre ; mais ils ont la même part aux restitutions, dommages et intérêts , qu'ils ont droit et coutume d'avoir aux ventes. (2)

Les ventes ordinaires sont faites par autorisation de l'administration générale des domaines et forêts, dans les mêmes formes qui doivent s'observer pour les forêts royales. Les coupes extraordinaires ne peuvent être faites

_____

(1) Ordonnance de 1669, tit. 23 , art. 23.
(2) *Ibid.* , art. 12.

qu'en vertu d'une ordonnance du Roi,
à peine de destitution contre les officiers forestiers, de privation de tous
droits contre les possesseurs, d'amende
arbitraire et de confiscation des ventes
contre les marchands. (1)

CHAPITRE VI.
Des delits de chasse.

Les lois relatives à la chasse, sont
générales ou particulières : les premières renferment des mesures tendantes
à prévenir la destruction du gibier,
sur tout le sol du royaume : les secondes
concernent l'exercice de la chasse sur
certaines propriétés, telles que les bois
et forêts.

§. 1.er
Lois générales sur la chasse.

On sait que le droit exclusif de la
chasse a été aboli par les lois des 4, 5,
7, 8 et 11 août 1789; que par la loi

(1) Ordonnance de 1669, tit. 23, art. 16.

du 30 avril 1790, il a été défendu à toutes personnes de chasser, en quelque temps et de quelque manière que ce soit, sur le terrain d'autrui, sans son consentement; et que les particuliers peuvent chasser sur leurs propriétés, en se conformant aux lois de police.

Ce nouvel ordre de choses a rendu inutiles la plupart des dispositions réglémentaires qui s'observaient autrefois sur cette matière; mais il en reste quelques - unes, auxquelles il n'a pas été dérogé, et dont nous allons rendre compte.

Il est défendu à qui que ce soit, de prendre en tous lieux les œufs de caille, perdrix et faisans, à peine de 100 fr. d'amende pour la première fois, et du double pour la seconde. (1)

Tous tendeurs de lacs, tirasses, ton-

_____

(1) Ordonnance de 1669, tit. 30, art. 8, rappelée par l'arrêté du directoire exécutif, du 28 vendémiaire an 5.

nelles, traîneaux, bricoles de cordes
et de fil d'archal, pièces et pans de
rets, colliers, halliers, filets de soie,
sont punis corporellement, et condamnés en 30 f. d'amende, en quelque lieu
que les délits soient commis. (1)

Il est défendu à toute personne, sans
distinction de qualité, de temps et de
lieu, de porter des fusils et pistolets à
vent, et autres armes offensives cachées
et secrètes, à peine de six mois d'emprisonnement et de 500 f. d'amende. (2)

La chasse aux chiens couchans est
interdite à tous particuliers, à peine
contre les contrevenans de 200 francs
d'amende pour la première fois, du
double pour la seconde, et du triple
pour la troisième. (3)

Dans tous les cas, les armes avec les-

(1) Ordonnance de 1669, tit. 30, art. 12,
rappelée par ledit arrêté.

(2) Déclaration du 23 mars 1728. — Décret
du 2 nivôse an 14. — Décret du 12 mai 1806.

(3) Ordonnance de 1669, tit. 30, art. 16.

quelles la contravention a été commise, sont confisquées, sans néanmoins que les gardes puissent désarmer les chasseurs. (1)

Les pères et mères répondent des délits de leurs enfans mineurs de vingt ans non mariés, ou domiciliés avec eux, sans pouvoir néanmoins être contraints par corps. (2)

Si les délinquans sont déguisés ou masqués, ou s'ils n'ont aucun domicile connu dans le royaume, ils sont arrêtés sur-le-champ, à la réquisition de la municipalité. (3)

§. II.

De la chasse dans les bois et forêts.

La chasse dans les *forêts royales* fut interdite à toute personne sans distinction, par la loi du 30 avril 1790, et ensuite par l'arrêté du directoire exécutif, du 28 vendémiaire an 5. Mais

---

(1) Loi du 30 avril 1790, art. 5.

(2) *Ibid*, art. 6.

(3) *Ibid*, art. 7.

par un autre arrêté du 19 pluviôse suivant, les corps administratifs étaient
autorisés à permettre aux particuliers
qui avaient des équipages et autres
moyens pour la chasse aux animaux
nuisibles, de s'y livrer, sous l'inspection
et la surveillance des agens forestiers.

Maintenant la surveillance et la police
des chasses dans toutes les forêts royales,
sont dans les attributions du grand-
veneur de la couronne.

La louveterie fait partie des mêmes
attributions.

Les conservateurs, les inspecteurs,
sous-inspecteurs et gardes forestiers,
reçoivent les ordres du grand-veneur,
pour tout ce qui a rapport à la chasse
et à la louveterie. (1)

Les permissions de chasse ne sont
accordées que par le grand - veneur,
elles sont signées par lui, enregîtrées

_____

(1) Décret du 8 fructidor an 12. — Ordonnance du Roi, du 15 août 1814.

au secrétariat général de la venerie, et visées par le conservateur dans l'arrondissement duquel ces permissions ont été accordées.

Les conservateurs et inspecteurs forestiers, et les conservateurs des chasses veillent à ce que les lois et règlemens sur la police des chasses soient ponctuellement exécutés. (1)

Les dispositions qui peuvent être faites par suite des différens arrêtés concernant les animaux nuisibles, appartiennent aux attributions du grand-veneur. (2)

Il est fait défenses à toute personne qui n'est point munie d'une permission, de chasser à feu, et d'entrer ou demeurer de nuit dans les forêts royales, bois et buissons en dépendant, avec

_____

(1) Règlement du grand-veneur de la couronne, du premier germinal an 13. — Règlement approuvé par le Roi, le 20 août 1814.

(2) Règlement sur la louveterie, approuvé par le Roi, le 20 août 1814.

armes à feu , à peine de 100 francs d'amende. (1)

Il est défendu à qui que ce soit de prendre dans les forêts royales , garennes , buissons , plaisirs , aucuns aires d'oiseaux de quelque espèce que ce soit, à peine de 100 fr. d'amende pour la première fois, et du double pour la seconde. (2)

Les officiers des chasses et subsidiairement les officiers forestiers , sont tenus de faire fouiller et renverser tous les terriers de lapins qui se trouvent dans les forêts royales , et de prendre les lapins avec furets et poches , à peine de 500 fr. d'amende et de suspension de leur place pour un an. (3)

Il est défendu à qui que ce soit de tirer dans les forêts et bois royaux , les

(1) Ordonnance de 1669 , tit. 30 , art. 4, rappelée par l'arrêté du directoire exécutif, du 28 vendémiaire an 5.

(2) Ordonnance de 1669 , tit. 30 , art. 8.

(3) *Ibid.* , art. 11.

cerfs et biches (1), à peine de 25o fr.
d'amende. (2)

Quant aux *bois communaux*, la chasse
y est interdite à tout particulier sans
distinction ; puisque l'art. 1.er de l'arrêté du gouvernement, du 19 ventôse
an 10, assimile sous tous les rapports,
l'administration des bois communaux à
celle des bois nationaux (3). Les maires
sont autorisés à affermer les droits de
chasse dans les bois de leur commune,
à la charge de faire approuver les conditions de la mise en ferme, par le préfet et le ministre de l'intérieur. (4)

Nul n'a le droit de chasser dans les

_____

(1) Ordonnance de 1669, tit. 3o, art. 15 ;
et règlement du grand-veneur, du 1.er germinal an 13.

(2) Ordonnance de Henri IV, du mois de
juin 1601.

(3) Arrêts de la cour de cassation, des 29
ventôse an 10, 21 prairial an 11, et 28 janvier 1808.

(4) Décret du 25 prairial an 13.

bois des particuliers sans leur consentement. (1)

Les propriétaires ou possesseurs autres que les simples usagers, peuvent
chasser ou faire chasser dans leurs bois
ou forêts en tout temps; mais ils ne
peuvent s'y servir de chiens courans
dans la saison où les terres et vignes
sont couvertes de leurs fruits. (2)

Toute personne qui, sans autorisation suffisante, chasse dans les bois appartenant à un particulier, doit être
condamnée à une amende de 20 fr.
envers la commune du lieu, et à une
indemnité envers le propriétaire, (3)
Si celui-ci a manifesté son intention de
poursuivre. (4)

L'amende et l'indemnité ci-dessus sta-

---

(1) Loi du 30 avril 1790, art. 2.

(2) *Ibid.*, art. 13.

(3) *Ibid.*, art. 1. — Arrêt de la cour de cassation, du 13 octobre 1808.

(4) Arrêt de la cour de cassation, du 12
février 1808.

tuées, sont portées respectivement à
30 fr., et à 15 fr. quand le terrain est
clos de murs et de haies; et à 40 fr. et
20 fr. dans le cas où le terrain clos
tiendrait immédiatement à une habitation. (1)

Chacune de ces peines est doublée en
cas de récidive; elle est triplée s'il sur-
vient une troisième contravention; et
la même progression est suivie pour les
contraventions ultérieures; le tout
dans le courant de la même année
seulement. (2)

Le contrevenant qui n'a pas, huitaine
après la signification du jugement, satisfait à l'amende prononcée contre lui,
est contraint par corps, et détenu en
prison pendant vingt-quatre heures
pour la première fois; pour la seconde
fois, pendant huit jours, et pour la

---

(1) Loi du 30 avril 1790, art. 2.
(2) *Ibid.*, art. 3.

troisième et ultérieure contravention, pendant trois mois. (1)

Indépendamment des peines ci-dessus spécifiées, quiconque sera trouvé chassant, et ne justifiant point d'un permis de port d'armes de chasse, délivré conformément au décret du 11 juillet 1810, sera traduit devant le tribunal de police correctionnelle, et puni d'une amende qui ne pourra être moindre de 30 fr. ni excéder 60 fr.

En cas de récidive, l'amende sera de 61 fr. au moins et de 200 fr. au plus. Le tribunal pourra en outre prononcer un emprisonnement de six jours à un mois.

Dans tous les cas, il y aura lieu à la confiscation des armes ; et si elles n'ont pas été saisies, le délinquant sera condamné à les rapporter au greffe, ou à en payer la valeur, suivant la fixation qui en sera faite par le jugement, sans

_____

(1) Loi du 30 avril 1790, art. 3.

que cette fixation puisse être au-dessous de 5o fr. (1)

L'individu trouvé chassant avec un fusil, sans justifier d'un permis de port d'armes, doit être condamné à deux amendes, l'une à raison du délit de chasse, l'autre à raison du port d'armes sans permis; en outre, à la confiscation du fusil; et les amendes n'excédant pas 100 fr., peuvent être prononcées sur le procès verbal d'un seul garde. (2)

Avant de terminer ce chapitre, on doit observer que les délits de chasse, commis par les militaires en garnison ou présens à leur corps, sont, conformément au droit commun, de la compétence des tribunaux correctionnels, nonobstant l'avis du conseil d'état, du 7 fructidor an 12. (3)

---

(1) Décret du 4 mai 1812.

(2) Arrêt de la cour de cassation, du 26 juin 1816.

(3) Avis du conseil d'état, approuvé le 3o frimaire an 14.

CHAPITRE VII.

Des délits de pêche dans les fleuves, rivières et ruisseaux.

Les droits exclusifs de la pêche ont été abolis, comme les autres droits féodaux, par les art. 2 et 5 du décret du 25 août 1792, et par les décrets interprétatifs des 6 et 30 juillet 1793.

En conséquence chacun a eu, pendant long-temps, la liberté de pêcher dans les fleuves et les rivières.

Maintenant tout individu qui, n'étant ni fermier de la pêche, ni pourvu de licence, pêche dans les fleuves et rivières navigables, autrement qu'à la ligne flottante, tenue à la main, est condamné :

1.º A une amende qui ne peut être moindre de 50 f., ni excéder 200 f.;

2.º A la confiscation des engins et filets de pêche;

3.º En des dommages-intérêts envers

le fermier de la pêche, d'une somme
pareille à l'amende. (1)

L'amende ne peut être moindre de
100 f. dans tous les cas où la pêche est
faite avec des engins prohibés. (2)

L'amende est double en cas de récidive. (3)

Les fermiers de la pêche ne sont
point responsables des amendes encourues pour délits commis par des particuliers auxquels les fermiers ont donné
licence de pêcher. (4)

Les fermiers de la pêche, les porteurs de licence et propriétaires rive-

---

(1) Loi du 14 floréal an 10, tit. 5, art. 14. —
Arrêté du gouvernement, du 19 nivôse an 12.
— Arrêt de la cour de cassation, du 1.er dé-
cembre 1810.

(2) Arrêt de la cour de cassation, du 2
mars 1809.

(3) Loi du 14 floréal an 10, tit. 5, art. 14,
et arrêté du gouvernement, du 19 nivôse an 2.

(4) Arrêt de la cour de cassation, du 14
juillet 1814.

rains

rains ne peuvent exercer leurs droits
dans les fleuves, rivières et ruisseaux,
ni sur les canaux qui en reçoivent les
eaux (1), qu'en se conformant aux
art. 5, 6, 7, 8, 9, 10, 11, 12, 15,
17 et 18 du tit. 31 de l'ordonnance de
1669, que l'on va copier. (2)

« Il est défendu de pêcher en quelques jours et saisons que ce puisse être,
à autres heures que depuis le lever du
soleil jusques à son coucher, sinon aux
arches des ponts, aux moulins et aux
gords, où se tendent des dideaux, auxquels lieux on peut pêcher tant de nuit
que de jour. (3)

» Les pêcheurs ne peuvent pêcher

---

(1) Arrêt de la cour de cassation, du 20
décembre 1810.

(2) Arrêté du directoire exécutif, du 28 messidor an 6. — Arrêt de la cour de cassation,
des 12 février 1808, 2 mars 1809, et 20 février
1812.

(3) Ordon. de 1669, tit. 31, art. 5. — Arrêt
de la cour de cassation, du 17 brumaire an 14.

6

dans le temps de frai : savoir, aux rivières où la truite abonde sur tous les autres poissons, depuis le premier février jusqu'à la mi-mars; et aux autres, depuis le premier avril jusqu'au premier juin, à peine, pour la première fois, de 20 fr. d'amende et d'un mois de prison ; et du double de l'amende et de deux mois de prison pour la seconde. (1)

» Est exceptée toutefois de cette prohibition la pêche aux saumons, aloses et lamproies, qui sera continuée en la manière accoutumée. (2)

» Les pêcheurs ne peuvent mettre bires ou nasses d'osier à bout de dideaux, pendant le temps de frai, à peine de 20 fr. d'amende et de confiscation du harnois pour la première fois, et d'être privés de la pêche pendant un an pour la seconde. (3)

---

(1) Ordonnance de 1669, tit. 31, art. 6.

(2) *Ibid.*, art. 7.

(3) *Ibid.*, art. 8.

» Il leur est permis néanmoins d'y mettre des chausses ou sacs, du moule de *quatre centimètres* en carré, et non autrement, sous les mêmes peines; mais le temps de frai passé, ils peuvent mettre des bires ou nasses d'osier à jour, dont les verges soient éloignées les unes des autres de *vingt-sept milli-mètres.* (1)

» Il est fait très-expresses défenses aux pêcheurs de se servir d'aucuns engins et harnois prohibés par les anciennes ordonnances sur le fait de la pêche, et en outre de ceux appelés giles, tramail, furet, épervier, chalon, sabre dont elles ne font pas mention, et de tous autres qui pourraient être inventés pour le dépeuplement des rivières (2); comme aussi d'aller au barandage et

(1) Ordonnance de 1669, tit. 31, art. 9.

(2) Les pêcheries, appelées trébuchets, sont assimilées aux engins prohibés, par un arrêt de la cour de cassation, du 20 décembre 1810.

mettre des bacs en rivière, à peine de 100 fr. d'amende pour la première fois, et de punition corporelle pour la seconde. (1)

» Il leur est défendu en outre de bouiller avec bouilles ou rabots, tant sur les chevrins, racines, saules, osiers, terriers ou autres arches, qu'en autres lieux, et de mettre lignes avec échecs et amorces vives; ensemble, de porter chaînes et clairons en leurs batelets, et d'aller à la fare, ou de pêcher dans les noues avec filets, et d'y bouiller pour prendre le poisson et le frai qui a pu y être porté par le débordement des rivières, sous quelque prétexte, en quelque temps et manière que ce soit, à peine de 50 f. d'amende contre les contrevenans, et d'être bannis des rivières pour trois ans; et de 300 fr. d'amende contre les officiers forestiers qui en auraient donné la permission. (2)

_____

(1) Ordonnance de 1669, tit. 31, art. 10,
(2) *Ibid.*, art. 11,

» Les pécheurs rejeteront en rivière les truites, carpes, barbeaux, bresmes et monniers qu'ils auront pris, ayant moins de *seize centimètres* entre l'œil et la queue, et les tanches, perches et gardons qui en auront moins de *treize et demi*, à peine de 100 fr. d'amende, et de confiscation contre les pécheurs et marchands qui en auront vendu ou acheté. (1)

» Il est défendu à toute personne de jeter dans les rivières aucune chaux, noix vomique, coque-de-levant, momie et autres drogues ou apprêts, à peine de punition corporelle. (2)

» Il est fait inhibitions à tous mariniers, contre-maîtres, gouverneurs et autres compagnons de rivière conduisant leurs nefs, bateaux, bésognes, marnois, flottes et nacelles, d'avoir aucuns engins à pêcher, soit de ceux

(1) Ordonnance de 1669, tit. 31, art. 12.
(3) *Ibid.*, art. 14.

permis ou défendus par les anciennes ordonnances que par les présentes , à peine de cent livres d'amende et de confiscation des engins. (1)

» Les épaves ne peuvent être prises et enlevées sans avoir été reconnues et adjugées à celui qui les réclame. (2)

» Il est fait défenses à toutes personnes d'aller sur les mares , étangs et fossés lorsqu'ils sont glacés, pour en rompre la glace , y faire des trous , et d'y porter flambeaux, brandons et autres feux , à peine d'être punis comme de vol. » (3)

Tels sont les articles du titre 31 de l'ordonnance de 1669 , dont l'exécution

-----

(1) Ordonnance de 1669, tit. 31 , art. 15. Il faut observer que la peine prononcée par cet article est applicable , soit que le bateau soit en mouvement ou qu'il soit amarré. C'est ce qui a été décidé par un arrêt de la cour de cassation , du 29 octobre 1813.

(2) *Ibid.* , art. 17.

(3) *Ibid.* , tit. 22 , art. 18.

a été ordonnée par l'arrêté du 28 messidor an 6, précité. Cet arrêté ne fait pas mention de l'art. 4 du même titre, qui défend aux pêcheurs de pêcher aux jours de dimanche et fête, sous peine de 40 fr. d'amende ; mais aucune loi actuellement en vigueur n'ayant dérogé audit article, il doit être exécuté.

Quant aux rivières *non navigables*, le droit d'y pêcher appartient aux propriétaires riverains ; ils ne peuvent en user qu'en se conformant aux dispositions de l'ordonnance qui viennent d'être rapportées (1), notamment à l'art. 10, qui défend d'employer des engins prohibés par les anciennes ordonnances. (2)

Les communes peuvent donc avoir le droit de pêcher sur les rivières non navigables lorsqu'elles ont des bois,

---

(1) Avis du conseil d'état, du 27 pluviôse an 13, approuvé le 30.

(2) Arrêt de la cour de cassation, du 20 août 1812.

pâtis ou autres propriétés qui y aboutissent ; mais dans ce cas elles sont tenues d'affermer ce droit au plus offrant
et dernier enchérisseur. (1)

Tous particuliers habitans , autres
que les adjudicataires , qui ne pourront
être que deux en chaque commune ,
ne peuvent pêcher ès eaux , étangs ,
rivières , fossés , marais et pêcheries
communes , nonobstant toutes coutumes et possessions contraires , à peine
de 20 fr. d'amende et d'un mois de
prison pour la première fois , et de
100 fr. d'amende avec bannissement de
la paroisse en récidive. (2)

Les riverains peuvent empêcher toutes personnes de pêcher le long de leurs
propriétés , et faire condamner les contrevenans aux mêmes peines que ceux
qui pêchent dans les fleuves et rivières
navigables sans en avoir le droit. (3)

_____

(1) Ordonnance de 1669 , tit. 25 , art. 17.
(2) *Ibid.* , art. 18.
(3) *Ibid.* , tit. 26 , art. 5.

Il est défendu à toutes personnes de jeter des immondices, et mettre les chanvres et lins à rouir dans les rivières et étangs, à peine de confiscation et d'amende arbitraire. (1)

_____

(1) Ordonnance de 1669, tit. 27, art. 42. — Arrêt du parlement de Bretagne, du 6 août 1735. — Arrêt du conseil, du 28 décembre 1756.

SECONDE PARTIE.

DES POURSUITES

ET

DES CONDAMNATIONS.

CHAPITRE PREMIER,

Servant d'introduction à cette seconde partie.

DEPUIS plusieurs siècles les législateurs ont reconnu que les lois qui protégent les propriétés ordinaires, étaient insuffisantes pour éloigner des eaux et forêts le brigandage et la rapine. Ces lois exigent, pour constater les vols et en punir les auteurs, une somme de preuves qu'il est rare de pouvoir rassembler dans l'obscurité des bois et sur le bord des rivières. Il fallait donc des formes plus simples pour poursuivre

et atteindre les délinquans en matière
d'eaux et forêts. C'est pourquoi les lois
rendues en cette partie, veulent qu'ils
soient jugés d'après le simple rapport
d'un, et dans certains cas, de deux
hommes revêtus d'un caractère suffi-
sant. Il fallait aussi que la peine suivît
de près les délits ; pour parvenir à ce
but, l'édit du mois de décembre 1543,
chargea les officiers des eaux et forêts
d'exercer la juridiction contentieuse
concurremment avec les juges ordinaires. Mais ces officiers, en vertu
de l'ordonnance de 1669, connurent,
à l'exclusion de tous autres juges, tant
au civil qu'au criminel, de tous procès
mus pour fait d'eaux et forêts, pêche
et chasse, sauf l'appel aux siéges des
tables de marbre ou aux parlemens,
suivant la nature des affaires.

La révolution a établi un nouvel
ordre de choses. Les officiers forestiers
sont seulement parties poursuivantes
en matière de délits d'eaux et forêts ; et

ces délits sont jugés par les tribunaux et cours de justice ordinaire, ainsi qu'on le verra dans la suite.

~~~~~~~~~~~~~~~~~~~~~~~~~

CHAPITRE II.

De la manière de constater les délits ; des personnes ayant qualité pour dresser les procès verbaux, et de la main-morte.

Les délits sont prouvés, soit par procès verbaux ou rapports, soit par témoins à défaut de rapports et procès verbaux, ou à leur appui. (1)

Les personnes autorisées par les lois à constater les délits, en matière d'eaux et forêts, sont, chacun en ce qui les concerne et dans les cas déterminés, les gardes forestiers, les gardes-pêche, les officiers forestiers, les commissaires de police et autres officiers de police

_____

(1) Code d'instruction criminelle, art. 154 et 189.

judiciaire, enfin les maîtres et contre-
maîtres assermentés de la marine. (1)

§. I.er

Gardes forestiers.

Ces gardes sont de trois sortes ; savoir : les gardes des forêts royales ; les
gardes des communes, des hospices et
autres établissemens publics , et les
gardes des bois de particuliers.

Ils sont, comme officiers de police
judiciaire, sous la surveillance du procureur du Roi , sans préjudice de leur
subordination à l'égard de leurs supérieurs dans l'administration. (2)

Les gardes royaux sont nommés par
l'administration des domaines et forêts (3) ; elle leur délivre des commissions qui doivent être timbrées à

---

(1) Ordonnance du Roi du 28 août 1816,
art. 19.

(2) Code d'instruction criminelle, art. 17.

(3) Loi du 29 septemb. 1791, tit. 3 , art. 5.

l'extraordinaire (1). Ils n'entrent en
fonctions qu'après avoir prêté serment
et fait enregîtrer leurs commissions
au tribunal de première instance de
leur résidence. (2)

Ces gardes, comme officiers de police
judiciaire, sont chargés de rechercher
dans le territoire pour lequel ils ont
été assermentés, les délits et contraventions de police qui ont porté atteinte
aux propriétés rurales et forestières (3);
les délits commis dans d'autres bois que
ceux dont la garde leur est confiée,
lorsqu'ils en sont requis pour le propriétaire (4); les malversations et contraventions aux dispositions du cahier
des charges commises par les adjudicataires (5); les coupes de futaie faites

---

(1) Décision du ministre des finances, du 18
thermidor an 9.

(2) Loi du 16 nivôse an 9, art. 7.

(3) Code d'instruction criminelle, art. 16.

(4) Loi du 9 floréal an 11, art. 12.

(5) Arrêts de la cour de cassation, des 3 avril
1806 et 6 août 1807.

pour les particuliers sans déclaration préalable , dans les bois à eux appartenant (1) ; les délits de chasse dans les forêts de l'état , ou soumises à l'administration du gouvernement (2) ; les infractions aux lois sur le port d'armes (3) ; les délits de pêche dans les fleuves et rivières navigables. (4)

Ces gardes doivent aussi , lors même qu'ils n'auraient pas été requis par le propriétaire, constater valablement les délits pour cause d'introduction des chèvres et bêtes à laine dans les bois de particuliers , à moins que ces bois ne soient du nombre de ceux que la loi du 9 floréal an 11 permet de défricher. (5)

---

(1) Décret du 14 avril 1811 , art. 10.

(2) Arrêté du directoire exécutif, du 28 vendémiaire an 5 , art. 2. — Règlement du grand-veneur de la couronne, du 1.er germinal an 13 , art. 4.

(3) Décret du 8 mars 1811.

(4) Loi du 14 floréal an 10, tit. 5, art. 17.

(5) Arrêts de la cour de cassation , des 5 novembre 1807 , et 3 septembre 1808.

Les procès verbaux de ces gardes doivent aussi faire foi en justice pour les délits de pêche commis dans les rivières non navigables ; c'est ce qui résulte implicitement de l'art. 7 de la loi du 14 floréal an 11 , qui met la police et la conservation de la pêche , sans distinction , sous la surveillance des agens et préposés de l'administration forestière.

Le pouvoir ainsi donné aux gardes forestiers royaux de constater les délits de pêche , s'exerce concurremment avec les gardes-pêche , ainsi qu'on le verra plus bas.

Comme les arbres des grandes routes et ceux des canaux sont mis sous la surveillance des officiers forestiers, par la loi du 18 messidor an 10 , les gardes forestiers , en leur qualité d'officiers de police judiciaire, peuvent sans doute constater les contraventions aux lois rendues sur cette matière; mais attendu que d'après la loi du 29 floréal précédent, les détériorations qui se commettent sur ces sortes de plantations sont réprimées par voie administrative, un garde forestier qui a constaté un délit de cette nature, doit transmettre son procès verbal au sous-préfet de l'arrondissement, chargé de faire cesser provisoirement les dommages.

Les gardes des communes, hospices et autres établissemens publics, sont nommés par les administrateurs légaux desdites communes et établissemens; leur nomination est soumise à l'approbation du conservateur de l'arrondissement; celui-ci délivre aux gardes nommés, des commissions, qu'il envoie à l'administration générale des domaines et forêts, pour être visées et enregitrées. Ces gardes prêtent serment devant les tribunaux de première instance, sur la réquisition du procureur du Roi. (1)

---

(1) Loi du 9 floréal an 11, art. 10 et 12.

Ils sont chargés de constater les délits commis dans les triages qui leur sont confiés , en se conformant à ce qui a été prescrit aux gardes forestiers royaux (1) ; les délits commis dans d'autres bois communaux et royaux que ceux dont la garde leur est confiée , ainsi que dans ceux des bois des particuliers , lorsqu'ils en sont requis par les propriétaires. (2)

Les délits de chasse dans les bois , dont ces gardes ont la surveillance , sont aussi par eux constatés ; car ils exercent dans ces bois les mêmes fonctions que les gardes royaux dans leurs triages ; et l'on peut inférer des dispositions de l'article 12 de la loi du 9 floréal , qui vient d'être cité , que les gardes des communes et des établissemens publics , ont aussi caractère pour constater les délits de chasse , commis

_____

(1) Loi du 29 septembre 1791, tit. 12 , art. 6.

(2) Loi du 9 floréal an 11 , art. 12.

dans d'autres bois que ceux qui leur
sont confiés, lorsqu'ils en sont requis.

D'après l'avis du conseil d'état, du
27 pluviôse an 13, approuvé, le 30,
les communes et les établissemens publics ont le droit de pêche sur les parties
de rivières non-navigables qui longent
leurs bois. Ce droit étant une dépen-
dance de la propriété forestière, les
gardes dont il s'agit doivent veiller à
ce qu'il soit respecté, et ont consé-
quemment le pouvoir de constater les
délits de pêche qui sont commis sur
lesdites parties de rivière.

Ils doivent aussi avoir le même pouvoir pour les délits de pêche, commis
sur d'autres parties de rivières, soit
parce qu'ils sont officiers de police judiciaire; soit parce qu'ils peuvent être
considérés comme des préposés de l'administration, qui a la police générale
de la pêche; soit enfin parce que pouvant rechercher les délits de bois autres
que ceux commis dans leurs triages,

on peut en conclure qu'il en est de même à l'égard des délits de pêche.

Ce qui a été dit plus haut des gardes-forestiers royaux, au sujet des détériorations commises sur les arbres des grandes routes et des canaux, s'applique aussi aux gardes - forestiers des communes et des établissemens publics.

Les gardes des bois des particuliers ne peuvent exercer leurs fonctions, qu'après avoir été agréés par le conservateur des forêts, et avoir prêté serment devant le tribunal de première instance. (1)

Ces gardes ayant dans les bois qu'ils surveillent les mêmes devoirs à remplir que les gardes royaux et communaux, n'ont pas seulement qualité pour y constater les délits forestiers; leurs procès verbaux font aussi foi en justice pour constater les délits de chasse commis dans l'enceinte desdits bois, et les

----

(1) Loi du 9 floréal an 11, art. 15.

délits de pêche sur les parties de rivières non navigables , auxquelles ces bois aboutissent.

§. II.

Gardes-pêche.

Les gardes - pêche sont de deux sortes : les uns sont nommés par l'administration générale des domaines et et forêts, de la même manière que les gardes forestiers royaux ; les autres sont établis par les fermiers de la pêche , auxquels la loi du 14 floréal an 10 donne cette faculté , à la charge d'obtenir l'approbation du conservateur des forêts. Les uns et les autres n'entrent en fonctions qu'après avoir prêté serment devant le tribunal de première instance.

Les premiers , comme préposés de l'administration , à qui la loi donne la police générale de la pêche , doivent constater dans l'étendue de leur cantonnement , toutes les contraventions aux lois rendues sur cette matière.

Les gardes - pêche nommés par les fermiers, n'ont pas seulement qualité pour verbaliser contre toutes personnes qui, sans en avoir le droit, pêchent dans leurs cantonnemens autrement qu'à la ligne flottante tenue à la main; ils doivent aussi veiller sur tout ce qu'on entreprend sur les rivières non navigables et ruisseaux affluens; c'est ce qu'on remarque dans la circulaire de l'administration, du 28 prairial an 11, n.° 96.

§. I I I.

Officiers forestiers et arpenteurs.

Les procès verbaux de récolement et tous autres dressés par les officiers forestiers, constatant les contraventions aux lois forestières, les délits de chasse dans les forêts de l'état, des communes et des établissemens publics, ainsi que les délits de pêche dans les fleuves et rivières, font foi en justice jusqu'à inscription de faux, lorsqu'ils sont appuyés d'un témoignage ou que la peine du délit constaté ne doit pas excéder 100 fr. (1)

Il en est de même des procès verbaux dressés par les arpenteurs forestiers (2), même lorsqu'ils ont pour objet des malversations commises par les adjudicataires avant le récolement. (3)

Par suite de ces principes , un tribunal correctionnel ne peut , sur un procès verbal en règle, constatant qu'un adjudicataire n'a pas réservé le nombre de baliveaux prescrits par l'ordonnance , ordonner une visite d'experts pour reconnaître si les arbres réservés sont en suffisante quantité. (4)

_____

(1) Ordonnance de 1669, tit. 9 , art 13. — **Loi** du 29 septembre 1791. — Arrêts de la cour de cassation , des 8 frimaire an 14 et 14 mars 1811.

(2) Arrêt de la cour de cassation , du 6 novembre 1807.

(3) Arrêt de la cour de cassation, du 6 août 1807.

(4) Arrêt de la cour de cassation , du 18 brumaire an 6.

Les procès verbaux que dressent les officiers forestiers et gardes généraux (1) ne sont point soumis à l'affirmation comme ceux des gardes.

Lorsque des délits contraires à la police et à la conservation des bois ont été commis, soit dans une forêt nationale, soit dans une forêt de la couronne; et que parmi les prévenus ou complices, il y a un ou plusieurs agens ou préposés de l'administration des domaines et forêts, le directeur général de ladite administration, les administrateurs desdites forêts, l'administrateur général des forêts de la couronne, et les conservateurs qui leur sont respectivement subordonnés, peuvent en dresser procès verbal et instruire, ainsi qu'il sera expliqué ci-après, tant contre celui ou ceux des prévenus qui sont

_____

(1) Décret du 19 juin 1809. — Circulaire de l'administration du 18 juillet 1810.

(2) Loi du 29 septembre 1791, tit. 9, art. 15.

agens ou préposés de l'administration ,
que contre leurs complices, quoiqu'ils
ne soient pas agens ou préposés de l'administration des domaines et forêts.

Ils peuvent également dresser procès
verbaux , et instruire contre toutes
personnes qu'ils surprennent en flagrant
délit , sans qu'il soit nécessaire , dans
ce cas , que parmi les prévenus, il y ait
un ou plusieurs agens ou préposés de
l'administration.

Le directeur général de l'administration des domaines et forêts , les administrateurs desdites forêts, l'administrateur général des forêts de la
couronne , et les conservateurs , sont
en conséquence autorisés dans les cas
qui viennent d'être déterminés , à délivrer, lorsqu'il y a lieu, tous mandats
d'amener et de dépôt ; à interroger les
prévenus , à entendre les témoins , à
faire toutes recherches , perquisitions
ou visites qui sont nécessaires , à saisir
les bois de délits , les voitures, che-

vaux, instrumens et ustensiles des délinquans, à apposer des scellés, et géné-
ralement à faire jusqu'au mandat d'arrêt
exclusivement, et en se conformant
aux lois sur l'instruction correctionnelle et criminelle, tout ce que les
procureurs du Roi et les juges instructeurs pourraient faire.

L'instruction doit être faite sur les
lieux ou dans une des communes de
l'arrondissement où le délit a été commis.

Lorsque ces officiers procèdent aux
opérations ci-dessus indiquées, ils peuvent se faire assister d'un agent inférieur
de l'administration qui remplit les
fonctions de greffier, et auquel ils font
préalablement prêter le serment de les
remplir fidèlement.

Après l'instruction, le directeur
général de l'administration des domaines et forêts, l'administrateur
général des forêts de la couronne,
les administrateurs des forêts, ou le

conservateur qui a instruit, renvoient les prévenus et les pièces devant le procureur du Roi, qui suivant la nature du délit, renvoie lui-même devant le tribunal compétent, soit spécial, soit criminel, soit de police correctionnelle, pour y être procédé conformément aux lois.

Les substituts, juges instructeurs et autres fonctionnaires de l'ordre judiciaire auxquels la poursuite des délits est confiée, n'en demeurent pas moins chargés de faire directement, et d'office, toutes les diligences convenables pour atteindre et faire punir dans les cas ci - dessus déterminés, comme dans tous autres cas, les auteurs et complices des dégradations et malversations commises dans les forêts royales et dans les forêts de la couronne; et, en cas de concurrence entre eux et les officiers supérieurs des forêts, la poursuite du délit demeure à ceux qui les premiers, ont délivré

un mandat , soit de dépôt, soit d'a-
mener. (1)

Les officiers forestiers de tout grade
sont chargés de veiller à l'exécution des
arrêts du conseil , des 9 août 1723 et
28 janvier 1750 , et de l'article 2 du
titre 2 de la loi du 28 juillet 1792 , qui
défendent de construire sans autorisation du gouvernement, des moulins à
scie, des fourneaux, forges, martinets,
verreries , et autres établissemens qui
occasionnent une augmentation de feu ;
mais les contraventions à ces lois n'étant
pas de la compétence des tribunaux ,
les fonctions des officiers forestiers se
bornent , à cet égard , à dresser contre
les contrevenans des procès verbaux ,
qu'ils adressent aux autorités administratives compétentes.

§. I V.

Commissaires de police et autres officiers
de police judiciaire.

Les commissaires de police , et dans

_____

(1) Loi du 22 mars 1806.

les communes où il n'y en a point, les maires, au défaut de ceux-ci les adjoints de maires, recherchent les contraventions de police (c'est-à-dire les faits qui donnent lieu à une amende de quinze francs et au-dessous, et à un emprisonnement de cinq jours et au-dessous), même celles qui sont sous la surveillance spéciale des gardes forestiers et champêtres, à l'égard desquelles ils ont concurrence, et même prévention. (1)

Tout officier de police judiciaire peut aussi constater, par des procès verbaux, les délits (c'est-à-dire les faits qui donnent lieu à une amende de plus de 15 fr., et à un emprisonnement de plus de cinq jours) relatifs à la chasse, à la pêche, même aux bois et forêts, dans leurs arrondissemens respectifs (2);

----

(1) Code d'instruction criminelle, art. 11.

(2) Loi du 3 brumaire an 4, tit. 2 et 4. — Code d'instruction criminelle, art. 179.

mais cette disposition ne doit s'entendre que de la concurrence qui est accordée aux juges de paix et commissaires de police, pour rechercher et constater les délits de cette espèce, et pour suppléer, soit l'absence, soit la négligence des gardes forestiers. C'est ainsi que s'explique le ministre des finances dans une circulaire écrite aux préfets, le 18 pluviôse an 11.

§. V.
Maîtres et contre-maîtres de la marine.

Les procès verbaux des maîtres et contre-maître assermentés, font foi en justice, pour les faits relatifs au service et qui sont étrangers à leurs personnes, à charge par eux de les faire affirmer dans les délais prescrits. (1)

§. VI.
Main-forte.

Tout officier de police judicaire a, dans l'exercice de ses fonctions, le

---

(1) Ordonnance du Roi, du 28 août 1816, art. 20.

droit de requérir directement la main-forte. (1)

Les gendarmes doivent, ainsi que les gardes forestiers, arrêter et conduire devant le juge de paix, ou devant le maire, tout individu qu'ils auront saisi en flagrant délit, ou qui sera dénoncé par la clameur publique, lorsque le délit emporte la peine d'emprisonnement ou une peine plus grave; ils se font donner pour cet effet, main-forte par le maire, ou l'adjoint du maire du lieu, qui ne peut s'y refuser. (2)

Les brigades de la gendarmerie royale doivent aussi prêter main - forte, lorsqu'elle leur est légalement demandée par les administrateurs et officiers forestiers, pour la répression des délits relatifs à la police et à l'administration

_____

( ) Code d'instruction criminelle, art. 25.

(2) Loi du 3 brumaire an 4, art. 41. — Loi du 28 germinal an 6, art. 125. — Loi du 7 pluviôse an 9, art. 4. — Code d'instruction criminelle, art. 16.

forestière , lorsque les gardes forestiers ne sont pas en force suffisante pour arrêter les délinquans. (1)

Les gendarmes royaux, et les huissiers, doivent procéder, lorsqu'ils en sont requis , à la saisie des bois coupés en délit, vendus ou achetés en fraude , à la charge de ne pouvoir en faire la perquisition qu'en présence d'un officier municipal , qui ne peut s'y refuser. (2)

CHAPITRE III.

Des procès verbaux.

Les procès verbaux font foi en justice , s'il n'y a inscription de faux, ou s'il n'est proposé de cause valable de récusation. (3)

(1) Loi du 28 germinal an 6, art. 133. — Loi du 9 floréal an 11 , art. 18.

(2) Loi du 11 décembre 1791 , art. 4.

(3) Loi du 29 septembre 1731 , tit. 9 , art. 13.

Cependant , si le délit est de nature à emporter une condamnation à une amende, et une indemnité excédant la somme de 100 fr., le procès verbal qui le constate doit être appuyé d'un témoignage. (1)

Ce second témoignage peut être suppléé par la signature et l'affirmation d'un second garde (2) , ou pour son audition devant le tribunal à défaut d'affirmation. (3)

Dans l'un et l'autre cas, les procès verbaux des gardes forestiers ne peuvent faire foi absolue 'pour la constatation des réponses qu'ils prétendent

---

(1) *Ibid.*, art. 14. — Arrêts de la cour de cassation , des 5 septembre, 21 octobre 1808 , 19 octobre 1809 et 1.er mars 1811.

(2) Arrêts de la cour de cassation des 16 frimaire , 30 messidor an 12 , et 16 messidor an 13.

(3) Deux arrêts de la cour de cassation , du 6 février 1806.

7 *

leur avoir été faites par ceux contre qui
sont dressés ces procès verbaux. (1)

La déclaration faite par un prévenu ,
de vouloir s'inscrire en faux contre un
procès verbal, ne suffit pas pour faire
surseoir au jugement du délit ; il faut
que cette déclaration soit réalisée par
un acte déposé au greffe , et que le
tribunal de police correctionnelle ait
jugé, 1.° si l'inscription est régulière
dans la forme ; 2.° si les moyens de
faux proposés sont pertinens et admissibles , c'est-à-dire si la preuve des
faits articulés est de nature à détruire
nécessairement celle du délit forestier. (2)

Les procès verbaux étant le fonde-

_____

(1) Arrêt de la cour de justice criminelle du
département du Doubs , auquel a acquiescé l'administration générale des forêts.

(2) Ordonnance du mois de juillet 1737 ,
tit. 2 , art. 27. — Code de procédure civile ,
art. 229 et suiv. — Arrêt de la cour de cassation , du 24 mars 1809.

men des poursuites dirigées contre les
délinquans, et la base des jugemens que
doivent prononcer les tribunaux, les
fonctionnaires publics ne peuvent mettre trop d'attention à observer les règles
d'après lesquelles ces actes produisent
leur effet en justice.

Ces règles ont pour objet la rédaction des procès verbaux (1), les formalités qu'il est nécessaire de remplir pour
leur validité, et la remise qui doit en
être faite.

§. I.er

Rédaction des procès verbaux.

Le procès verbal par lequel est constaté un délit, de quelque espèce qu'il
soit, doit faire mention, 1.º du jour
de la reconnaissance de ce délit (2) ;
2.º des nom, prénom, demeure et
qualité du fonctionnaire public qui
rédige le procès verbal; 3.º du lieu du

---

(1) Voyez à la fin de cet ouvrage, les formules
de procès verbaux.

(2) Loi du 29 septembre 1791, tit 4, art. 4.

délit (1) ; 4.° des noms , prénoms , demeures et qualités des délinquans , et de leur nombre, l'orsqu'on est parvenu à les connaître (2) ; 5.° du temps auquel le délit a été commis (3) ; 6.° des instrumens qui y ont été employés (4) ; 7.° de toutes les circonstances propres à faire connaître le délit (5) ; 8.° des preuves et indices qui existent contre les prévenus. (6)

Les procès verbaux des délits *forestiers* doivent spécialement faire connaître l'essence , la nature, la grosseur métrique, l'état, la qualité, la quantité,

(1) Loi du 3 brumaire an 4 , art. 41 , conforme à la loi du 29 septembre 1791 , tit. 4 , art. 4.

(2) Même loi du 29 septembre 1791 , tit. 4 , art. 4.

(3) Loi du 3 brumaire an 4 , art. 41.

(4) Loi du 29 septembre 1791 , tit. 4 , art. 4.

(5) *Ibid.*

(6) Loi du 3 brumaire an 4 , art. 41. — Code d'instruction criminelle , art. 16.

l'âge des bois coupés, enlevés, éhoup-
pés, ébranchés ou déshonorés; les voitures, atelages et autres moyens de
transport; la qualité, le signalement et
le nombre des bestiaux de délit. (1).

Les procès verbaux de délits de *chasse*
doivent désigner l'espèce de piége, de
chiens et d'armes employés par les délinquans, et l'espèce de gibier ou de
bêtes fauves contre lesquels étaient
employés ces moyens de destruction.

Dans les procès verbaux de délits de
pêche, on doit faire connaître les
engins, filets, drogues et appâts employés pour prendre ou détruire le
poisson ; l'espèce de poisson qui fait
l'objet du délit, si elle est connue; sa
longueur métrique entre l'œil et la
queue ; enfin on doit énoncer si la
pêche est faite dans le temps de frai,
indiqué par l'ordonnance.

___

(1) Loi du 3 brumaire an 4, art. 41. — Loi
du 29 septembre 1791, tit. 4, art 4.

Il n'est aucune des circonstances ci-
dessus détaillées qu'il ne soit nécessaire
de relater ; les unes sont essentielles à
la validité des procès verbaux ; les autres étant de nature à aggraver ou atté-
nuer les délits , font encourir aux
prévenus des peines plus ou moins
fortes, ainsi qu'on a pu le voir dans
la première partie de cet ouvrage.

Les gardes doivent suivre les choses
enlevées dans les lieux où elles ont été
transportées, et les mettre en séquestre;
ils ne peuvent néanmoins s'introduire
dans les maisons , ateliers , bâtimens ,
cours adjacentes et enclos , si ce n'est
en présence, soit du juge de paix, soit
de son suppléant , soit du commissaire
de police , soit du maire du lieu, ou de
son adjoint. (1)

Cette assistance n'est point exigée à
peine de nullité ; c'est une mesure de
sûreté ; en vertu de laquelle le citoyen

_____

(1) Code d'instruction criminelle , art. 16.

chez lequel un garde se présente sans
l'assistance d'un autorité compétente ,
a le droit de s'opposer à toute visite
dans son domicile (1) ; et cette mesure
n'est pas même applicable dans les loges
et autres établissemens qui ne forment
point un domicile, ou des ateliers per-
manens, dont la loi garantit l'inviola-
bilité. Ces lieux concédés momentané-
ment pour faciliter l'exploitation des
bois ne cessent pas d'être soumis à la
surveillance journalière des gardes, et
leur éloignement des communes ren-
drait cette surveillance illusoire, si les
gardes étaient obligés d'aller requérir
l'assistance du maire ou de l'adjoint
pour en faire la visite. D'ailleurs , ce
serait inutilement fatiguer les officiers
municipaux , que d'exiger d'eux un
pareil service. (2)

_____

(1) Arrêt de la cour de cassation , du 3
novembre 1809.

(2) Décision de S. Exc. le grand-juge ministre de la justice , rapportée dans la circulaire
du 1.er juin 1809 , n.° 394.

Lorsque le corps d'un délit a été constaté par un procès verbal, le garde qui juge nécessaire de faire perquisition des objets volés, requiert l'un des officiers ci-dessus nommés de l'accompagner dans cette perquisition, et désigne dans l'acte qu'il dresse à cette fin, l'objet de la visite, ainsi que les personnes chez lesquelles elle doit avoir lieu. (1)

Le commissaire de police, maire ou adjoint requis, ne peut se refuser d'accompagner sur-le-champ le garde dans sa perquisition, à peine de destitution et de demeurer responsable du dommage souffert (2). Il est tenu en outre

_____

(1) Ordonnance de 1669, tit. 27, art. 24. — Loi du 11 décembre 1789. — Loi du 29 septembre 1791. — Loi du 3 brumaire an 4. — Arrêté du directoire exécutif, du 4 nivôse an 5. — Décision du ministre de l'intérieur, du 15 frimaire an 10.

(2) Loi du 11 décembre 1789. — Loi du 29 septembre 1791. — Loi du 3 brumaire an 4. —

de signer le procès verbal de perquisition, avant l'affirmation, sauf en cas de refus, au garde d'en faire mention. (1)

La reconnaissance du bois de délit, trouvé chez un individu, ne fait foi en justice qu'autant que le garde a constaté l'identité des bois pris en délit, avec ceux gisant dans la maison du prévenu (2), soit en confrontant les bois saisis avec les souches de ceux coupés en délit; soit en établissant que l'essence et la grosseur des uns et des autres sont absolument pareilles. (3)

Arrêté du directoire exécutif, du 4 nivôse an 5. — Décision du ministre de l'intérieur, du 15 frimaire an 10. — Code d'instruction criminelle, art. 16.

(1) Loi du 4 nivôse an 5, art. 2, conforme à celle du 29 septembre 1791, tit 4, art. 8.

(2) Arrêts de la cour de cassation, des 8 thermidor an 13, 12 octobre 1809 et 19 mars 1813.

(3) Arrêt de la cour de cassation, du 15 octobre 1811.

Les procès verbaux dont on vient de parler doivent être rédigés en double minute (1), sur papier visé pour timbre, en *débet*, lorsqu'ils sont dressés pour les intérêts du gouvernement ou des communes (2), et sur papier timbré lorsqu'ils sont faits par les gardes des particuliers.

Mais il faut observer que le *visa* pour timbre est une formalité intrinsèque à la validité de la procédure. (3)

§. II.

Formalités nécessaires aux procès verbaux.

Ces formalités consistent dans l'affirmation et l'enregîtrement.

L'affirmation est un acte par lequel

_____

(1) Loi du 25 décembre 1790, art. 1.

(2) Décision du ministre des finances, du 18 thermidor an 9, rapportée dans une circulaire de l'administration générale des eaux et forêts, du 18 fructidor suivant, n.° 29.

(3) Arrêt de la cour de cassation du 15 octobre 1811.

un garde déclare avec serment que son procès verbal dont lecture vient d'être faite, contient la vérité. (1)

Elle doit être faite par les gardes particuliers dans le vingt-quatre heures (2). A partir de la clôture du procès verbal (3); elle n'est point requise pour les procès verbaux des gardes généraux, attendu que par le décret du 18 juin 1809, ils sont assimilés aux officiers chargés de représenter l'administration davant les tribunaux (4). Cette obligation d'affirmer dans les vingt-quatre heures n'est pas prescrite à peine de nullité; mais si un procès verbal affirmé

---

(1) Arrêt de la cour de cassation, du 16 avril 1811.

(2) Loi du 29 septembre 1791, tit 4, art. 7, conforme à celle du 25 décembre 1790, art. 1. — Arrêt de la cour de cassation, du 2 juin 1809.

(3) Arrêt de la cour de cassation, du 8 janvier 1807.

(4) Arrêts de la cour de cassation, des 9 février et 29 mars 1811.

après ce délai n'est pas radicalement nul, il n'en est pas moins certain qu'il est insuffisant, et qu'il n'a pas en justice la foi que lui donne la loi lorsqu'il est affirmé dans le temps qu'elle prescrit. Telle fut la réponse du ministre de la justice, aux questions que lui avait proposées à ce sujet le commissaire du gouvernement près le tribunal de première instance de Poitiers.

Il convient que l'acte d'affirmation fasse mention de l'heure à laquelle elle a été reçue, et de la lecture qui en a été faite au garde. (1)

Néanmoins lorsqu'un procès verbal a été affirmé le lendemain de sa date, sans énonciation d'heure, on doit présumer que cette formalité a été remplie dans le délai légal. (2)

---

(1) Circulaire de M. le conseiller d'état directeur général de l'administration, du 7 juin 1809, n.° 395.

(2) Arrêt de la cour de cassation, du 9 février 1811.

L'affirmation est reçue par les juges de paix.

Les suppléans peuvent la recevoir pour les délits commis dans le territoire de la commune où ils résident, lorsqu'elle n'est pas celle de la résidence des juges de paix.

Les maires, et à défaut des maires, leurs adjoints, peuvent recevoir cette affirmation, soit par rapport aux délits commis dans les communes autres que celles de leur résidence respective, soit même par rapport à ceux commis dans les lieux où résident le juge de paix et ses suppléans, quand ceux-ci sont absens. (1)

L'acte d'affirmation reçu par un maire ou son adjoint, doit faire mention de l'absence du juge de paix et de ses suppléans, lorsque le délit a été commis ou reconnu (2) dans la

_____

(1) Loi du 28 floréal an 10, art. 11.

(2) Arrêt de la cour de cassation, du 17 mars 1810.

·commune de la résidence de ces derniers. (1)

Mais l'adjoint n'est point tenu d'énoncer dans l'acte d'affirmation que le maire était absent ou empêché. (2)

La loi ne dit pas que la parenté du garde , avec le fonctionnaire public qui reçoit son affirmation , soit un motif de récusation ou d'incapacité ; et l'on ne peut suppléer à la disposition de la loi , pour créer une nullité qu'elle n'a point admise. Cependant , pour prévenir toute difficulté à cet égard , il convient que les gardes s'abstiennent, autant qu'il est possible , de faire l'affirmation de leurs procès verbaux devant un juge de paix , suppléant , maire

(1) Décision du ministre de la justice , rapportée dans une circulaire de l'administration générale des eaux et forêts , du 27 floréal an 11 , n.° 143.

(2) Arrêt de la cour de cassation , du premier septembre 1809.

ou adjoint qui serait leur parent. (1)

L'officier qui a reçu l'affirmation est tenu dans la huitaine d'en donner avis au procureur du Roi. (2)

L'enregîtrement des procès verbaux doit avoir lieu dans le délai de quatre jours. (3)

La peine contre le garde qui n'a point fait enregîtrer son procès verbal dans ce délai, est d'une somme de 25 fr. , et de plus, d'une somme équivalente au montant du droit de l'acte non enregîtré. Le procès verbal non enregîtré dans le délai , est déclaré nul , et le contrevenant responsable de cette nullité. (4)

Lorsque plusieurs gardes ont signé un procès verbal , déclaré nul par dé-

(1) Décision du ministre de la justice , rapportée dans une circulaire de l'administration des forêts , du 27 floréal an 11 , n.° 143.

(2) Code d'instruction criminelle , art. 18,

(3) Loi du 22 frimaire an 7 , art. 20,

(4) *Ibid.* , art. 34.

faut de formalité, ils sont condamnés solidairement à l'amende de 25 fr. (1)

Ces sortes de condamnations sont poursuivies par l'administration des domaines. (2)

Les procès verbaux des gardes royaux (3) et communaux (4) s'enregîtrent en *débet.*

Les gardes peuvent présenter leurs actes au bureau le plus voisin de leur résidence, lors même que ce bureau ne serait pas celui de leur arrondissement. (5)

---

(1) Décision du ministre de la justice, rapportée dans une circulaire de l'administration générale des eaux et forêts, du 22 brumaire an 10, n.º 47.

(2) Arrêt de la cour de cassation, du 4 ventôse an 12.

(3) Loi du 22 frimaire an 7, art. 70.

(4) Décision du ministre des finances, rapportée dans une circulaire de l'administration, du 20 messidor an 10, n.º 102.

(5) Circulaire du 22 février 1810, n.º 411.

Avant

Avant de terminer ce paragraphe, il est bon d'observer que toute nullité d'exploit est couverte, si elle n'a été proposée avant toute défense ou exception autre que celle d'incompétence. (1)

§. III.

Remise des procès verbaux.

Les gardes forestiers de l'administration, des communes et des établissemens publics, remettent leurs procès verbaux au conservateur, inspecteur ou sous-inspecteur forestier, dans les trois jours au plus tard, y compris celui où ils ont reconnu le fait sur lequel ils ont procédé. (2)

Les contre-maîtres de la marine qui ont constaté des coupes de futaie faites par les particuliers dans leurs bois, sans déclaration préalable, ou toute autre

---

(1) Arrêt de la cour de cassation, du 4 mai 1811.

(2) Code d'instruction criminelle, art. 18.

8

contravention au décret du 15 avril 1811, remettent aussi leurs procès verbaux à l'inspecteur ou sous-inspecteur forestier. (1)

Les procès verbaux des gardes forestiers de particuliers, lorsqu'il s'agit de simples contraventions, sont remis par eux dans le même délai, au commissaire de police de la commune, chef-lieu de la justice de paix, ou au maire, dans les communes où il n'y a pas de commissaire de police ; et lorsqu'il s'agit d'un délit de nature à mériter une peine correctionnelle, la remise est faite au procureur du Roi. (2)

---

(1) Décret du 15 avril 1811, art. 11.
(2) Code d'instruction criminelle, art. 18.

CHAPITRE V.

Des actions.

§. I.er

Principes sur les actions résultant des délits en général.

Tout délit donne essentiellement lieu à une action publique.

Il peut aussi en résulter une action privée ou civile.

L'action publique a pour objet de punir les atteintes portées à l'ordre social.

Elle n'appartient qu'aux fonctionnaires auxquels elle est confiée par la loi.

L'action civile a pour objet la réparation du dommage que le délit a causé.

Elle peut être exercée par tous ceux qui ont souffert de ce dommage.

L'action publique pour l'application de la peine, s'éteint par la mort du prévenu.

L'action civile pour la réparation du

dommage , peut être exercée contre le prévenu et contre ses héritiers.

L'action civile peut être poursuivie en même temps et devant les mêmes juges que l'action publique.

Elle peut aussi l'être séparément ; mais dans ce cas, l'exercice en est suspendu, tant qu'il n'a pas été prononcé définitivement sur l'action publique, intentée avant ou pendant la poursuite de l'action civile.

La renonciation à l'action civile ne peut arrêter ni suspendre l'exercice de l'action publique. (1)

§. II.

Actions auxquelles donnent lieu les délits forestiers.

On a vu , au commencement de cet ouvrage , que les peines en matière de délits forestiers , consistaient en l'amende, la confiscation et l'emprisonnement.

_____

(1) Loi du 3 brumaire an 4 , art. 4 et 8. — Code d'instruction criminelle , art. 1 et 4.

L'action publique à laquelle donnent lieu les délits dont il s'agit, a pour objet de faire subir ces peines aux délinquans.

Quant à l'action civile, elle tend à obtenir en faveur du propriétaire, la restitution des bois enlevés ou endommagés, et les dommages-intérêts résultant des torts qui ont été faits.

Nous allons voir par qui et dans quels délais doivent être intentées ces deux actions, suivant la nature des bois dans lesquels les délits ont été commis.

Dans les *forêts royales*, la poursuite des délits et malversations, et des contraventions aux lois forestières, est faite au nom de M. le conseiller d'état directeur général de l'enregitrement et des domaines et forêts, poursuite et diligence des officiers forestiers. (1)

Ces officiers ne sont pas seulement chargés de la poursuite des réparations civiles; ils sont aussi chargés de la

_____

(1) Loi du 29 septembre 1791, tit. 9, art. 1. — Instruction de l'administration du 30 septembre 1817, n.º 807.

poursuite des délits eux-mêmes ; ils exercent par conséquent en cette matière une portion du ministère public. C'est ainsi que s'exprimait le commissaire du gouvernement près le tribunal de cassation, le 3 thermidor an 11, dans son réquisitoire à l'occasion d'un jugement rendu par le tribunal criminel de la Haute-Vienne. (1)

Ainsi la double action est intentée en même temps par les officiers forestiers, à raison de tous les délits et malversations dans les forêts royales.

Mais dans quels délais les poursuites doivent-elles être commencées par ces officiers? Le tribunal de cassation avait d'abord pensé que les délits forestiers étoient soumis aux prescriptions générales prononcées par les art. 9 et 10 du code des délits et des peines, du 3 brumaire an 4, et avait prononcé, les 8 vendémiaire et 11 brumaire an 6,

---

(1) Extrait du bulletin des jugemens de cassation, n.º 7.

deux jugemens basés sur ce principe ;
mais cette cour , après sa nouvelle
organisation , adopta une jurisprudence contraire , et par ses jugemens
des 16 floréal an 11 et 14 germinal an
13 , elle a reconnu que le code des délits et des peines , établissant des prescriptions générales pour les délits, n'a-
vait pas dérogé aux lois qui en établis-
sent de particulières (1). Il faut donc
en cette matière , s'en tenir aux dispositions de l'art. 8 , tit. 9 de la loi
du 29 septembre 1791 , ainsi conçu :
« Les actions en réparations de délits
» (forestiers) seront intentées au plus
» tard , dans les trois mois où ils au-
» ront été reconnus, lorsque les délin-
» quans seront désignés par les procès
» verbaux ; à défaut de quoi , elles
» seront éteintes et prescrites. Le délai
» sera d'un an , si les délinquans n'ont
» pas été connus. »

_____

(1) Ce jugement est rapporté au *Mémorial
forestier* de l'an 12, n.º 22.

Cette jurisprudence , qui s'étend aussi aux contraventions relatives au port d'armes (1), et aux coupes de futaie faites sans déclaration par les particuliers, se trouve en harmonie avec l'art. 943 du code d'instruction criminelle, portant qu'il n'est point dérogé aux lois particulières relatives à la prescription des actions résultant de certains délits et de certaines contraventions. (2)

Les dispositions de ces lois sont générales ; elles ne font aucune distinction de la nature des délits forestiers , des agens qui les ont constatés , ni de ceux qui doivent les poursuivre ; ainsi elles embrassent les délits mentionnés dans les procès verbaux de récolement dressés par les officiers (3). Ces délits

_____

(1) Arrêt de la cour de cassation , du premier août 1811.

(2) *Idem* , du 3 septembre 1807.

(3) Code civil, art. 2244 et 2448.

doivent être poursuivis dans les trois mois, attendu que l'adjudicataire qui en est présumé l'auteur, est toujours connu. (1)

Mais il faut remarquer, 1.º que la simple notification d'un procès verbal ne suffit pas pour interrompre la prescription, et qu'il faut que l'action soit judiciairement intentée dans les délais prescrits (2) par un exploit régulier. (3)

2.º Que le premier exploit interrompt la prescription, lors même que quelques circonstances ont obligé les agens forestiers à donner une nouvelle citation, et quelle que soit l'époque à laquelle l'audience ait eu lieu. (4)

_____

(1) Arrêts de la cour de cassation, des 17 avril 1807, et 24 mars 1809. — Circulaire de l'administration, du 15 avril 1809, n.º 391.

(2) Arrêt de la cour de cassation, du 8 avril 1808.

(3) *Idem*, du 29 avril 1808.

(4) *Idem*.

S *

3.º Que dans le cas où les délinquans n'ont pas été désignés par les procès verbaux, le délai pour intenter l'action est toujours d'un an, lors même que les auteurs du délit auraient été ou pu être reconnus d'une manière quelconque, postérieurement aux procès verbaux. (1)

4.º Que lorsqu'il y a preuve d'un premier procès verbal de récolement, la prescription court du jour de cet acte pour les délits qu'il constate (2), et qu'elle ne peut être interrompue par un second récolement. (3)

5.º Que la prescription ne court contre les fonctionnaires publics, dont la mise en jugement doit être précédée d'une autorisation spéciale, qu'à

_____

(1) Arrêt de la cour de cassation, du 8 avril 1808.

(2) *Idem*, du 15 avril 1809.

(3) *Idem*, des 26 décembre 1806, 26 juillet, 26 novembre 1810, et 23 mars 1811.

partir du moment où l'agent forestier a eu connaissance de cette autorisation. (1)

6.º Que les délits de défrichement se prescrivent quant à la peine et à la réparation civile, comme les autres délits forestiers, par un délai de trois mois; mais que le tribunal qui prononce que la prescription est acquise, doit, conformément à la loi du 9 floréal an 11, ordonner que le délinquant replantera une surface égale à celle qu'il aura défrichée. (2)

7.º Que dans tous les cas, le délai de trois mois se compte de quantième en quantième, sans égard au nombre de jours dont chaque mois est composé. (3)

Quant aux *bois communaux*, la loi du 29 septembre 1791, tit. 12, art. 18,

_____

(1) Arrêts de la cour de cassation, des 13 avril 1810, et 23 mars 1811.

(2) *Idem*, du 8 juin 1808.

(3) *Idem*, du 17 décembre 1811.

chargeait seulement les officiers forestiers de la poursuite des délits commis
dans la futaie et dans les quarts de réserve , et de celle des malversations
dans les coupes des exploitations de ces
bois. L'art. 6 du même titre de cette
loi confiait aux procureurs des communes la poursuite des délits ordinaires de pâturage , maraudage et vol de
taillis. Mais depuis l'arrêté des consuls,
du 19 ventôse an 10 , il n'y a plus,
quant au mode de poursuite, de distinction entre les délits commis dans
les forêts royales et ceux qui se commettent dans les bois des communes :
les uns et les autres doivent être poursuivis à la requête de l'administration
générale des domaines et forêts , poursuite et diligence de l'inspecteur ou
du sous-inspecteur forestier des lieux ;
c'est ainsi que l'a décidé le grand-juge
ministre de la justice , comme il résulte de sa lettre écrite le 20 fructidor
an 11 , au commissaire du gouverne-

ment près le tribunal de première
instance de Castres.

Ainsi, les délits de toute espèce dans
les bois taillis et de futaie, appartenant aux communes, sont poursuivis
par les mêmes fonctionnaires, de la
même manière et dans les mêmes délais (1) que les délits commis dans les
forêts royales. Cette règle ne souffre
pas même d'exceptions à l'égard des délits qui peuvent être constatés par les
commissaires de police, les maires,
adjoints et les juges de paix. Ces fonctionnaires publics, lorsqu'ils ont usé
de la faculté qui leur est accordée,
comme on l'a déjà dit, par la loi du 3
brumaire an 4, doivent remettre leurs
procès verbaux aux officiers forestiers,
seuls chargés d'agir en conséquence,
suivant la nature des délits. S'il en
était autrement, il arriverait souvent

_____

(1) Lettre de l'administration générale des
eaux et forêts, du 12 vendémiaire an 14,
n.° 3038, 5.e division.

qu'un même délit , constaté d'une part
par un commissaire de police , et de
l'autre par un garde forestier , serait
dénoncé au procureur du Roi et à
l'officier forestier ; l'un et l'autre pour-
suivant la réparation , il se trouverait
deux poursuites faites contre le même
individu. Cet inconvénient a été , entre autres choses , pris en considéra-
tion par le ministre des finances , lorsque par sa lettre du 18 pluviôse an 11,
écrite au préfet du département de la
Haute-Saône , il a tracé la marche
dont on vient de parler. (1)

Ce que l'on a dit au sujet des bois
communaux , est commun aux bois
des hospices et des autres établissemens
publics , puisque l'arrêté des consuls ,
du 19 ventôse an 10 , relatif aux bois
des communes , porte que toutes ses
dispositions sont applicables à ceux des

_____

(1) Circulaire de l'administration générale
des eaux et forêts , du 19 pluviôse an 11,
n.º 130.

hospices et des autres établissemens
publics.

Il faut cependant remarquer que si
les officiers forestiers négligeaient de
faire constater et de poursuivre les
délits commis dans les bois des communes, des hospices et autres établissemens publics, les maires, adjoints
et autres administrateurs légaux seraient fondés à poursuivre l'action civile contre les délinquans ; comme il
résulte implicitement de l'art. 18 du
tit. 12 de la loi du 29 septembre 1791,
sauf, dans ce cas, aux procureurs du
Roi à conclure contre les prévenus,
pour la vindicte publique, à l'application des peines correctionnelles portées par les lois.

Quant aux *bois particuliers*, l'action
résultant des délits commis par les propriétaires, pour cause de défrichement
et de coupe de futaie, doit être intentée par les officiers forestiers, chargés
par l'art. 1.er du tit. 9 de la loi du 29

septembre 1791, de poursuivre les contraventions aux lois forestières. (1)

Ces poursuites doivent être intentées
dans le délai de trois mois, fixé géné-
ralement aux officiers forestiers, pour
traduire devant les tribunaux les délinquans, lorsqu'ils sont désignés par
les procès verbaux, ainsi qu'on l'a
déjà dit.

La répression des contraventions au
décret du 17 nivôse an 13, concernant
le droit de pâturage ou de parcours
dans les parties de bois des particuliers, non declarés défensables, n'appartient point par action principale
aux officiers forestiers. (2). Ils sont
incompétens pour poursuivre les délits
commis par autrui dans les bois des
particuliers. (3)

---

(1) Avis du conseil d'état, du 18 brum. an 14.

(2) Décret du 15 avril 1811, art. 10.

(3) Arrêt de la cour de cassation, du 27
août 1812.

Les propriétaires peuvent transmettre les procès verbaux qui constatent ces délits, ainsi que ceux de vol et de maraudage, au substitut du procureur général, ou aux juges de paix, ou aux officiers de la gendarmerie (1), pour servir de dénonciation civique, à la suite de laquelle la partie publique exerce contre les prévenus l'action publique seulement.

Les propriétaires peuvent aussi traduire eux-mêmes les délinquans devant les tribunaux, et poursuivre contre eux l'action civile, sauf au procureur du Roi à prendre ses conclusions pour la vindicte publique. (2)

Dans ce dernier cas, le propriétaire de bois doit diriger ses poursuites au plus tard dans le délai d'un mois, conformément à l'art. 8 du §. 7 du tit. 1

---

(1) Loi du 7 pluviôse an 9, art. 3.

(2) Loi du 3 brumaire an 4, art. 133 et 180.

de la loi du 28 septembre, 6 octobre 1791. (1)

Les particuliers, après avoir fait leur dénonciation civique, peuvent aussi intervenir comme parties civiles, sur la citation donnée à la requête de la partie publique, pour obtenir leurs dommages-intérêts. (2)

La disposition de la loi qui veut que l'action correctionnelle soit éteinte par le décès du délinquant, ne peut s'appliquer aux cautions d'un adjudicataire prévenu de délits et malversations. (3)

§. III.

Actions résultant des délits de chasse.

Les officiers forestiers sont chargés de la poursuite des délits de chasse dans

---

(1) Arrêt de la cour de cassation, du 10 juin 1808.

(2) Loi du 3 brumaire an 4, art. 154.

(3) Arrêt de la cour de cassation, du 5 avril 1811.

les forêts *royales*, par l'article 2 de
l'arrêté du directoire exécutif, du 28
vendémiaire an 5, et par l'article 4 du
règlement du grand veneur de la couronne, du 1.er germinal an 13. Cette
poursuite doit être faite dans les mêmes
délais qui sont prescrits, par la loi du
29 septembre 1791, pour les délits
forestiers.

Aucune loi ne charge directement
les officiers de poursuivre les délits de
chasse commis dans les bois appartenant aux *communes*, aux hospices, et
autres établissemens publics ; mais si
les administrateurs légaux des communes et établissemens publics, négligeaient la poursuite de ces délits, il
serait du devoir des officiers forestiers
d'y suppléer, puisque leur surveillance
s'étend sur les bois dont il s'agit, comme
sur les bois royaux, d'après l'arrêté
du gouvernement, du 19 ventôse an 10.
C'est ce qu'a reconnu le tribunal de
cassation, par son jugement du 21

prairial an 11 , dont il a été déjà fait mention au chapitre 6 de la première partie de cet ouvrage.

Il faut cependant remarquer que lorsque la chasse dans un bois communal a été affermée , il n'y a que le fermier ou la partie publique qui aient qualité pour actionner ceux qui portent atteinte aux droits de ce fermier. (1)

Quant aux délits de chasse commis dans les bois des *particuliers*, les propriétaires doivent diriger leurs poursuites dans le délai d'un mois (2) de la manière qui vient d'être dite à l'égard des délits de maraudage, vol et pâturage commis dans lesdits bois.

§. I V.

Actions résultant des délits de pêche.

L'article 17 du titre 5 de la loi du 14 floréal an 10 , chargeant les offi-

---

(1) Loi du 30 avril 1790 , art. 12. — Arrêt de la cour de cassation, du 28 juillet 1809.

(2) Loi du 30 avril 1790 , art. 12.

ciers forestiers de la police, surveillance
et conservation de la pêche, ils sont
particulièrement obligés de faire punir
les infractions aux lois, commises par
les personnes qui ont le droit de pêcher, savoir : les fermiers et porteurs
de licence, sur les rivières navigables ;
et les propriétaires riverains, des rivières non navigables et des ruisseaux,
sans préjudice du droit qu'a le ministère
public de poursuivre de son chef de
telles infractions, lors même qu'il n'y
a pas eu plainte de la part des personnes intéressées. (1)

Ces personnes ayant droit de pêche,
doivent poursuivre celles qui les trou-
blent dans l'exercice de ce droit, de la
manière qui a été dite ci-dessus, au
sujet des délits de maraudage, de vol
et de pâturage, et de ceux de chasse,
commis dans les bois des particuliers,

_____

(1) Arrêt de la cour de cassation, du 21
février 1812.

Mais si les fermiers, porteurs de licence, et les propriétaires riverains des rivières non navigables, négligeaint, chacun en ce qui le concerne, de poursuivre les personnes qui, sans en avoir le droit, pêchent autrement qu'à la ligne flottante, tenue à la main, les officiers forestiers devraient y suppléer, en vertu de la loi qui leur confie la police, surveillance et conservation de la pêche.

CHAPITRE V.

De la compétence des tribunaux.

Le domicile du délinquant fixe la compétence des tribunaux aussi bien que le lieu du délit. (1)

§. 1.er

Tribunaux de police.

Le tribunal de juge de paix, comme

---

(1) Arrêt de la cour de cassation, du 16 janvier 1806.

juge de police , connaît exclusivement des contraventions forestières poursuivies à la requête des particuliers ; c'est-à-dire, des faits qui peuvent donner lieu, soit à quinze francs d'amende ou au-dessous, soit à cinq jours d'emprisonnement et au - dessous , qu'il y ait ou non confiscation des choses saisies, quelle qu'en soit la valeur. (1)

Les délits de chasse, de pêche et de port illicite d'armes ne peuvent en aucun cas , être de la compétence des tribunaux de police ; car ces délits emportent toujours une peine qui excède leur compétence , ainsi qu'on l'a vu aux chapitres 6 et 7 de la première partie. (2)

Dans les communes dans lesquelles il n'y a qu'un juge de paix, il connaît

(1) Code d'instruction criminelle , art. 137 et 139.

(2) Arrêt de la cour de cassation , du 23 février 1811.

seul des affaires attribuées à son tribunal. Les greffiers et les huissiers
de la justice de paix font le service
pour les affaires de police. (1)

Dans les communes divisées en deux
justices de paix ou plus, le service au
tribunal de police est fait successivement par chaque juge de paix , en
commençant par le plus ancien : il y
a, dans ce cas, un greffier particulier
pour le tribunal de police. (2)

Il peut aussi dans le cas de l'article
précédent, y avoir deux sections pour
la police ; chaque section est tenue
par un juge de paix , et le greffier a
un commis assermenté pour le suppléer. (3)

Les fonctions du ministère public ,
pour les faits de police, sont remplies
par le commissaire du lieu où siége le

(1) Code d'instruction criminelle , art. 141.
(2) *Ibid*, art. 142.
(3) *Ibid.*, art. 143.

tribunal ;

tribunal ; en cas d'empêchement du commissaire de police , ou s'il n'y en a point , elles sont remplies par le maire , qui peut se faire remplacer par son adjoint.

S'il y a plusieurs commissaires de police , le procureur général près la cour royale nomme celui ou ceux d'entre eux qui feront le service. (1)

§. I I.

Tribunaux de première instance.

Les tribunaux de première instance en matière civile connaissent, sous le titre de tribunaux correctionnels , de tous les délits forestiers , poursuivis à la requête de l'administration et de tous les délits poursuivis par les particuliers , dont la peine excède cinq jours d'emprisonnement et quinze f. d'amende. (2)

---

(1) Code d'instruction criminelle , art. 144.

(2) *Ibid.* , art. 139 et 177. — Arrêt de la cour de cassation du 27 mai 1808.

Néanmoins, les juges de paix peuvent donner main-levée provisoire des bestiaux, instrumens, voitures, et attelages séquestrés par les gardes dans leur territoire, en exigeant bonne et suffisante caution, jusqu'à concurrence de la valeur des objets saisis, et en faisant satisfaire aux frais de séquestre. (1)

Si les bestiaux saisis ne sont pas réclamés dans les trois jours de la séquestration, lesdits juges en ordonnent la vente à l'enchère au marché le plus voisin, après en avoir fait afficher le jour, vingt-quatre heures à l'avance, et les deniers de la vente restent déposés entre les mains de leur greffier, sous la déduction desdits frais de séquestre qui doivent être modérément taxés. (2)

Les tribunaux de première instance connaissent aussi, sous le titre de tri-

_____

(1) Loi du 29 septembre 1791, tit. 9, art. 3.
(2) *Ibid.*, art. 4.

bunaux de police correctionnelle, des contraventions aux lois et règlemens sur le port d'armes. (1)

Nota. Il faut avoir recours aux chapitres I et II du titre V du livre XI du code d'instruction criminelle, pour ce qui concerne les demandes en renvoi, et les règlemens des juges.

CHAPITRE VI.

Des citations.

§. I.er

Citations devant le tribunal de police.

Les citations pour contravention de police sont faites à la requête du ministère public ou de la partie qui réclame.

Elle sont notifiées par un huissier, qui en laisse copie au prévenu ou à la personne civilement responsable. (2)

---

(1) Arrêt de la cour de cassation, du 19 février 1808.

(2) Code d'instruction criminelle, art. 145.

La citation ne peut être donnée à un délai moindre que vingt - quatre heures, outre un jour par trois myriamètres, à peine de nullité, tant de la citation que du jugement qui serait rendu par défaut. Néanmoins, cette nullité ne peut être proposée qu'à la première audience, avant toute exception et défense.

Dans les cas urgens, les délais peuvent être abrégés, et les parties citées à comparaître même dans le jour et à l'heure indiquée, en vertu d'une cédule délivrée par le juge de paix. (1)

Les parties peuvent comparaître volontairement et sur un simple avertissement sans qu'il soit besoin de citation. (2)

Avant le jour de l'audience, le juge de paix peut, sur la réquisition du ministère public ou de la partie civile,

---

(1) Code d'instruction criminelle, art. 146.
(2) *Ibid.*, art. 147.

estimer ou faire estimer les dommages, dresser ou faire dresser des procès verbaux , faire ou ordonner tous actes requérant célérité. (1)

§. I I.

Citations devant le tribunal de première instance.

Le tribunal est saisi en matière correctionnelle de la connaissance des délits de sa compétence , soit par le renvoi qui lui est légalement fait ; soit par la citation donnée directement au prévenu ou aux personnes civilement responsables du délit par la partie civile ; et à l'égard des délits forestiers, par le conservateur , inspecteur, ou sous-inspecteur forestier, ou par les gardes généraux , et dans tous les cas, par le procureur du Roi. (2)

(1) Code d'instruction criminelle , art. 148.
(2) *Ibid.* , art 64 et 182. — Arrêt de la cour de cassation , du 6 août 1807.

La partie civile fait, par l'acte de citation, élection de domicile dans la ville où siége le tribunal ; la citation énonce les faits, et tient lieu de plainte. (1)

Il doit y avoir au moins un délai de trois jours , outre un jour par trois myriamètres, entre la citation et le jugement, à peine de nullité de la condamnation qui serait prononcée par défaut contre la personne citée.

Néanmoins cette nullité ne peut être proposée qu'à la première audience, et avant toute exception ou défense. (2)

Un exploit de réassigné n'est pas sujet à la rigueur du délai ordinaire des assignations.

La partie citée ne peut se plaindre d'avoir été assignée à plus long délai que celui fixé par la loi. (3)

_____

(1) Code d'instruction criminelle , art. 183.

(2) *Ibid.* , art. 184.

(3) Arrêt de la cour de cassation, du 6 août 1807.

Les huissiers sont chargés de faire ces citations. (1)

Les gardes généraux et particuliers peuvent aussi faire toutes significations d'exploits en matière de bois et forêts, sans pouvoir néanmoins procéder aux saisies et exécutions à faire en force des jugemens. (2)

Tous les actes des gardes forestiers dans lesquels ils remplacent les huissiers, sont taxés comme ceux faits par les huissiers des juges de paix. (3)

En conséquence, il doit leur être payé pour l'original, de chaque citation, signification, notification, communication et mandat de comparution ;
A Paris.................. 1 fr.

_____

(1) Loi du 29 fructidor an 3, art. 1. — Loi du 3 brumaire an 4, art. 183.

(2) Ordonnance de 1669, tit. 10, art. 15. — Arrêt de la cour de cassation, du 6 nivôse an 14. — Avis du conseil d'état, du 16 mai 1807.

(3) Décret du 1.er avril 1808.

Dans les villes de quarante
   mille habitans et au-dessus..................... 75 c.

Dans les autres villes et
   communes............. 50 c.

   Pour chaque copie des actes ci-dessus
désignés :

Dans la ville de Paris..... 75 c.

Dans les villes de quarante
   mille habitans et au-dessus..................... 60 c.

Dans les autres villes et
   communes............. 50 c.

   Pour le salaire particulier des scribes
employés pour la copie d'actes et pièces,
et ce, pour chaque rôle d'écriture de
trente lignes à la page, et de dix-huit
à vingt syllabes à la ligne, non compris le premier rôle :

A Paris................ 50 c.

Dans les villes de quarante
   mille âmes et au-dessus. 40 c.

Dans les autres villes et
   communes............. 30 c.

Pour transport qui ne
pourra être alloué qu'au-
tant qu'il y aura plus de
deux kilomètres de dis-
tance, entre la demeure
des gardes, et le lieu où
l'exploit pourra être porté, aller et retour, par
myriamètre en toute sai-
son (1).............. 1 fr. 50 c.

L'exploit de citation est précédé de
la copie du procès verbal qui a donné
lieu à la poursuite (2), et de celle de
l'acte d'affirmation. Mais l'omission
d'insérer cette dernière copie, n'emporte point la nullité de l'exploit. (3)

---

(1) Décret du 16 février 1807, art. 21,
22 et 23. — Autre décret du 18 juin 1811,
art. 90 et 91. — Autre décret du 9 avril 1813,
art. 4.

(2) Loi du 29 septembre 1791, tit. 9, art 9.

(3) Arrêt de la cour de cassation, du 12
octobre 1805.

9 *

Tout exploit de citation doit être enregîtré dans les quatre jours. (1)

L'exploit non enregîtré dans ce délai, est déclaré nul (2); et le contrevenant encourt les peines dont il a été parlé au paragraphe 2 du chapitre 2 de cette deuxième partie, au sujet des procès verbaux.

Les exploits de citation délivrés au nom de l'administration des domaines et forêts s'enregîtrent en *debet*. (3)

La nullité prononcée par la loi, ne concerne pas les exploits enregîtrés en temps opportun, dans un bureau autre que celui de la résidence de l'huissier ou de la partie assignée. (4)

Les nullités relatives aux exploits de citation, doivent être proposées *in limine litis*; à défaut de quoi elles sont

(1) Loi du 22 brumaire an 7, art. 20.

(2) *Ibid.*, art. 34.

(3) Loi du 22 frimaire an 7, art. 70.

(4) Arrêt de la cour de cassation, du 5 mai 1809.

couvertes. Ainsi on ne peut s'en faire un nouveau moyen en cause d'appel. (1)

Nota. Les articles 61 , 62 , 66 , 67 , 68 et 71 , du code de procédure civile , tracent les règles qui doivent être suivies par les huissiers , dans la rédaction et la signification des exploits de citation.

CHAPITRE VII.

Des audiences.

§. I.er

Audience des tribunaux de police.

La personne citée devant le tribunal de police , comparaît par elle-même ou par un fondé de procuration spéciale. (2)

L'instruction de chaque affaire est

---

(1) Code de procédure civile , art. 173. — Arrêt de la cour de cassation , du 5 mai 1809.
(2) Code d'instruction criminelle, art. 152.

publique, à peine de nullité; elle se fait dans l'ordre suivant :

Les procès verbaux, s'il y en a, sont lus par le greffier.

Les témoins, s'il en a été appelé par le ministère public, ou par la partie civile, sont entendus, s'il y a lieu; la partie civile prend ses conclusions.

La personne citée propose sa défense, et fait entendre ses témoins, si elle en a amenés ou fait citer, et si elle est recevable à les produire.

Le ministère public résume l'affaire et donne ses conclusions : la partie citée peut proposer ses observations. (1)

Nota. Les articles 8, 9, 10, 11, 12, 13, 14 et 18 du code de procédure civile, renferment des dispositions, relatives à la police des audiences des juges de paix, qui s'appliquent naturellement à celles des tribunaux de police.

_____

(1) Code d'instruction criminelle, art. 152.

§. II.

Audience de police correctionnelle.

L'inspecteur forestier demande au président du tribunal d'assigner un jour périodique pour le jugement des affaires forestières. (1)

Il fournit au procureur du Roi les mémoires nécessaires pour obtenir de prompts jugemens. (2)

Les conservateurs, inspecteurs, sous-inspecteurs et 'les gardes généraux , chargés de poursuivre les délits au nom de l'administration , ont une place particulière à la suite du parquet du procureur du Roi et de ses substituts. (3)

---

(1) Instruction de l'administration générale des eaux et forêts, du 7 prairial an 9 , approuvée par le gouvernement.

(2) *Ibid.*

(3) Décret du 18 juin 1809.

L'instruction doit être publique à peine de nullité. (1)

Les conservateurs, inspecteurs ou sous-inspecteurs forestiers, ou à leur défaut le garde général, exposent l'affaire (2) ; si l'agent forestier chargé de remplir cette fonction en est empêché à raison d'une maladie, ou d'absence pour les opérations du service extérieur, il y est suppléé par le ministère public. (3)

Les procès verbaux ou rapports, s'il en a été dressé sont lus par le greffier, les témoins pour et contre sont entendus, s'il y a lieu, et les reproches proposés et jugés ; les pièces pouvant servir à conviction ou à décharge sont représentées aux témoins et aux parties ; le

_____

(1) Code d'instruction criminelle, art. 190.

(2) Ibid.

(3) Décision du grand-juge, mentionnée dans a circulaire du 31 août 1811, n.° 453.

prévenu est interrogé, le prévenu et
les personnes civilement responsables,
proposent leurs défenses : le procureur
du Roi résume l'affaire, et donne ses
conclusions ; le prévenu et les personnes civilement responsables du délit
peuvent répliquer. (1)

Les témoins font à l'audience, sous
peine de nullité, le serment de dire
toute la vérité, rien que la vérité, et
le greffier en tient note, ainsi que de
leurs noms, prénoms, âge, profession
et demeure, et de leurs principales dé-
clarations. (2)

Les ascendans ou descendans de la
personne prévenue, ses frères et sœurs,
ou alliés en pareil degré, la femme ou
son mari, même après le divorce prononcé, ne peuvent être ni appelés, ni
reçus en témoignage, sans néanmoins
que l'audition des personnes ci-dessus

----

(1) Code d'instruction criminelle, art. 190.
(2) *Ibid.*, art. 155.

désignées, puisse opérer une nullité, lorsque, soit le ministère public, soit la partie civile, soit le prévenu, ne se sont pas opposés à ce qu'elles soient entendues. (1)

Les témoins qui ne satisferaient pas à la citation, peuvent y être contraints par le tribunal, qui à cet effet, et à la réquisition du ministère public, prononce dans la même audience, sur le premier défaut, l'amende ; en cas de second défaut, la contrainte par corps. (2)

Le témoin ainsi condamné à l'amende sur le premier défaut, et qui, sur la seconde citation, produira, devant le tribunal, des excuses légitimes, pourra, sur les conclusions du ministère public, être déchargé de l'amende.

Si le témoin n'est point cité de nouveau, il peut volontairement compa-

(1) Code d'instruction criminelle, art. 156.
(2) *Ibid.*, art. 157.

raître par lui, ou par un fondé de procuration spéciale, à l'audience suivante, pour présenter ses excuses, et obtenir, s'il y a lieu, décharge de l'amende. (1)

Il est bon de dire ici quels sont les cas où il peut être produit des témoins en matière de délits relatifs aux eaux et forêts. Il se réduisent à six, savoir : 1.º lorsque le délit donne lieu à une condamnation qui excède la somme de 100 fr., et que le procès verbal qui le constate, n'est affirmé que par un seul garde (2); 2.º lorsque le procès verbal renferme quelque nullité, et qu'il y est suppléé par une autre preuve (3); 3.º

_____

(1) Code d'instruction criminelle, art. 158.

(2) Voyez ce qui a été dit au chapitre II de cette seconde partie, sur l'effet des procès verbaux.

(3) Décision du ministre de la justice, du 17 brumaire an 10. — Arrêts de la cour de cassation, des 4 septembre 1806, 8 juin et 19 octobre 1809, 30 décembre 1811.

lorsqu'il s'agit d'un délit pour lequel
il n'existe pas de procès verbaux (1);
4.º lorsque le procès verbal qui constate un délit n'en a point désigné les
auteurs ; 5.º lorsqu'il est nécessaire de
vérifier les faits sur lesquels le prévenu
appuie ses moyens de récusation ou les
faits justificatifs qui ne sont pas contraires au contenu du procès verbal (2) ;
6.º lorsque les délits ont été constatés
par des procès verbaux et rapports faits
par des agens , préposés ou officiers
auxquels la loi n'a pas accordé le droit
d'en être cru , jusqu'à inscription de
faux (3); 7.º lorsqu'il s'agit d'établir
que le fait constaté par un procès verbal
n'est pas un délit. (4)

Lorsque les gardes forestiers sont ap-

_____

(1) Code d'instruction criminelle , art. 154.

(2) Arrêts de la cour de cassation , des 17
et 22 mars 1810.

(3) Code d'instruction criminelle , art. 154.

(4) Arrêt de la cour de cassation , du 23
mars 1810.

pelés en justice, soit pour être entendus comme témoins, lorsqu'ils n'ont point dressé de procès verbaux, soit pour donner des explications sur les faits contenus dans les procès verbaux qu'ils ont dressés, ils ont droit aux mêmes taxes que les témoins ordinaires. (1)

Il est à observer qu'il n'y a pas de délai de rigueur pour faire ou compléter la preuve d'un délit relatif aux eaux et forêts. Le tribunal de cassation, par son jugement du premier nivôse an 12, rapporté au Mémorial forestier de l'an 12, n.º 87, avait posé en principe que l'ordonnnance de 1667, qui veut que les enquêtes soient faites dans les délais fixés par les jugemens, n'était point applicable aux preuves ordonnées en matière de délits.

Le code d'instruction criminelle ne renferme aucune disposition contraire à cette jurisprudence. L'art. 191 ne

_____

(1) Décret du 7 avril 1813, art. 3.

fixe aucun terme pour l'instruction des affaires. Il veut seulement que le jugement soit prononcé de suite, ou au plus tard, à l'audience qui suit celle où l'instruction a été terminée.

Si dans une instance en réparation de délit, il s'élève une question incidente de propriété, elle doit être renvoyée devant l'autorité judiciaire civile (1); et s'il s'agit d'un terrain national, la partie qui excipe de la propriété est tenue d'appeler le préfet du département de la situation du bois, et de lui fournir copie de ses pièces dans la huitaine du jour où elle aura proposé son exception, à défaut de quoi il est provisoirement passé outre au jugement des délits, la question de propriété demeurant réservée. (2)

_____

(1) Plusieurs arrêts de la cour de cassation, du 29 mars 1807, et plusieurs autres arrêts rendus sur le même sujet.

(2) Loi du 29 septembre 1791, tit. 9, art. 10.

C'est aussi aux tribunaux civils à connaître des questions préjudicielles résultantes de l'interprétation à donner à un cahier des charges (1), ou à tout autre acte dont excipe le prévenu. (2)

Depuis la suppression des maîtrises, les tribunaux ordinaires sont seuls compétens pour connaître des contestations élevées, soit sur les adjudications des coupes des bois domaniaux, soit sur le prix desdites adjudications. (3)

Mais le tribunal de police correctionnelle, juge d'une action, l'est nécessairement aussi des faits d'exception proposés contre cette action, lorsque ces faits peuvent être appréciés par des expertises, des vérifications et au-

_____

(1) Arrêt de la cour de cassation, du 10 janvier 1806.

(2) Arrêts de la cour de cassation, des 2 messidor an 13, 8 février an 14 et 28 mars 1806.

(3) Ordonnance du Roi, du 6 mars 1816.

tres moyens étrangers à une interprétation d'actes ou de convention. (1)

En cas de contestation sur l'estimation d'une outre-passe , le tribunal peut ordonner qu'il y sera procédé par experts contradictoires. (2)

La question de propriété n'est pas proposable contre l'action correctionnelle , lorsque le fait imputé au prévenu est déjà un délit aux yeux de la loi. (3)

Dans les affaires relatives à des délits qui n'entraînent pas la peine d'emprisonnement , le prévenu peut se faire représenter par un avoué. Le tribunal peut néanmoins ordonner sa comparution en personne. (4)

_____

(1) Arrêt de la cour de cassation , du 3 novembre 1810.

(2) Arrêt de la cour de cassation , du 21 février 1806.

(3) Arrêt de la cour de cassation , du 7 avril 1809.

(4) Code d'instruction criminelle , art. 185.

Mais le ministère des avoués est interdit dans tous les procès qui intéressent le gouvernement ; les procureurs du Roi doivent le représenter, tant en demandant qu'en défendant. C'est ainsi que l'a décidé le grand-juge ministre de la justice, par sa circulaire du 14 pluviôse an 11 , rapportée dans une circulaire de l'administration, du 28 du même mois, n.º 127.

L'inscription en faux contre les procès verbaux ne pouvant être admise qu'autant que les moyens articulés par l'inscrivant peuvent tendre à détruire l'existence de la contravention à son égard (1) ; le tribunal de première instance devant lequel cette inscription est faite incidemment, doit rendre un jugement d'admission des moyens de faux, en vertu duquel la cour de justice criminelle spéciale est ensuite sai-

_____

(1) Arrêté du gouvernement, du 4.º complémentaire an 11.

sie de l'affaire. Si le tribunal juge le moyen inadmissible, il est passé outre et procédé au jugement du fonds. (1)

Nota. Voyez le chap. IV du tit. IV du liv. 2 du code d'instruction criminelle, concernant les délits contraires au respect dû aux autorités constituées.

CHAPITRE VIII.

Des défauts et oppositions.

Si la personne citée devant le *tribunal du juge de paix, comme juge de police*, ne comparaît pas au jour et à l'heure fixés par la citation, elle doit être jugée par défaut. (2)

La personne condamnée par défaut n'est plus recevable à s'opposer à l'exécution du jugement, si elle ne se présente à l'audience ci-dessous indiquée,

---

(1) Arrêt de la cour de cassation, du 31 août 1810.

(2) Code d'instruction criminelle, art. 149.

sauf

sauf ce qui est réglé sur l'appel et le recours en cassation. (1)

L'opposition au jugement par défaut peut être faite par la déclaration en réponse au bas de l'acte de signification, ou par acte signifié dans les trois jours de la signification, outre un jour par trois myriamètres.

L'opposition emporte le droit de citation à la première audience ; après l'expiration du délai, elle est réputée non avenue, si l'opposant ne comparaît pas. (2)

Si le prévenu cité devant le tribunal de première instance, sous le titre de *tribunal correctionnel*, ne comparaît pas, il doit être jugé par défaut. (3)

La condamnation par défaut est comme non avenue, si dans les cinq jours de la signification faite au prévenu ou à son domicile, outre un jour par cinq

_____

(1) Code d'instruction criminelle, art. 150.
(2) *Ibid.*, art. 151.
(3) *Ibid.*, art. 186.

myriamètres , celui - ci forme opposition à l'exécution du jugement , et
notifie son opposition , tant au ministère public qu'à la partie civile.

Néanmoins les frais de l'expédition ,
de la signification du jugement par défaut et de l'opposition , demeurent à
la charge du prévenu. (1)

L'opposition emporte de droit citation à la première audience : elle est
comme non avenue si l'opposant n'y
comparaît pas ; et le jugement rendu
par le tribunal sur l'opposition ne peut
être attaqué par la partie civile qui l'a
formée , si ce n'est par appel , ainsi
qu'il sera dit ci-après.

Le tribunal peut , s'il y échet , accorder une provision , et cette disposition
est exécutoire nonobstant appel. (2)

_____

(1) Code d'instruction criminelle , art. 187.
(2) *Ibid.* , art. 188.

CHAPITRE IX.

Des jugemens.

§. I.er

Jugemens du tribunal de police.

Si le fait ne présente ni délit ni contravention de police, le tribunal de police annulle la citation, et tout ce qui a suivi, et statue par le même jugement sur les demandes en restitutions et en dommages-intérêts. (1)

Si le fait est un délit qui emporte une peine correctionnelle, ou plus grave, le tribunal renvoie les parties devant le procureur du Roi. (2)

Si le prévenu est convaincu de contravention de police, le tribunal prononce la peine, et statue par le même jugement sur les demandes en restitution et en dommages-intérêts. (3)

---

(1) Code d'instruction criminelle, art. 159.
(2) *Ibid.*, art. 160.
(3) *Ibid.*, art. 161.

La partie qui succombe est condamnée aux frais, même envers la partie publique.

Les dépens sont liquidés par le jugement. (1)

Tout jugement définitif de condamnation est motivé, et les termes de la loi appliquée y sont insérés à peine de nullité.

Il y est fait mention s'il est rendu en dernier ressort ou en première instance. (2)

La minute du jugement est signée par le juge qui a tenu cette audience, dans le vingt-quatre heures au plus tard, à peine de 25 fr. d'amende contre le greffier, et de prise à partie, s'il y a lieu, tant contre le greffier que contre le président. (3)

Au commencement de chaque trimestre, les juges de paix transmettent

---

(1) Code d'instruction criminelle, art. 162.
(2) *Ibid.*, art. 163.
(3) *Ibid.*, art. 164.

au procureur du Roi l'extrait des jugemens de police qui ont été rendus
dans le trimestre précédent, et qui
ont prononcé la peine d'emprisonnement. Cet extrait est délivré sans frais
par le greffier.

Le procureur du Roi le dépose au
greffe du tribunal correctionnel.

Il en rend un compte sommaire au
procureur général. (1)

§. I I.

Jugemens de première instance.

Les tribunaux de première instance
peuvent, en matière correctionnelle,
prononcer au nombre de trois juges. (2)

Si le fait n'est réputé ni délit, ni
contravention de police, le tribunal
annulle l'instruction, la citation et tout
ce qui s'en est suivi ; renvoie le prévenu,
et statue sur les demandes en dommages-intérêts. (3)

---

(1) Code d'instruction criminelle, art. 178.
(2) *Ibid.*, art. 180.
(3) *Ibid.*, art. 191.

Si le fait n'est qu'une contravention
de police, et si la partie publique ou
la partie civile n'a pas demandé le
renvoi, le tribunal applique la peine
et statue, s'il y a lieu, sur les dommages-intérêts.

Dans ce cas, son jugement est en
dernier ressort. (1)

Si le fait est de nature à mériter une
peine afflictive ou infamante, le tribunal peut décerner de suite le mandat
de dépôt ou le mandat d'arrêt, et il
renvoie le prévenu devant le juge d'instruction compétent. (2)

Tout jugement de condamnation
rendu contre le prévenu et contre les
personnes civilement responsables du
délit, ou contre la partie civile, les
condamne aux frais, même envers la
partie publique. (3)

Lorsqu'il y a plusieurs accusés, au-

_____

(1) Code d'instruction criminelle, art. 192.
(2) *Ibid.*, art. 193.
(3) *Ibid.*, art. 194.

teurs et complices du même fait, la condamnation au remboursement doit être prononcée solidairement contre eux. (1)

Les frais sont liquidés par le même jugement. (2)

Dans le dispositif de tout jugement de condamnation, sont énoncés les faits dont les personnes citées sont jugées coupables ou responsables; la peine et les condamnations civiles.

Le texte de la loi dont on fait l'application, est lu à l'audience par le président : il est fait mention de cette lecture dans le jugement, et le texte de la loi y est inséré sous peine de 5o f. d'amende contre le greffier. (3)

La minute du jugement doit être signée au plus tard dans les vingt-quatre heures, par les juges qui l'ont rendu.

Les greffiers qui délivreraient expé-

_____

(1) Loi du 18 germinal an 7, art. 2.
(2) Code d'instruction criminelle, art. 194.
(3) *Ibid.*, art. 195.

dition d'un jugement avant qu'il ait été signé, doivent être poursuivis comme faussaires.

Les procureurs du Roi se font représenter, tous les mois, les minutes des jugemens ; et en cas de contravention au présent article, ils doivent en dresser procès verbal, pour être procédé ainsi qu'il appartiendra. (1)

Le procureur du Roi est tenu, dans les quinze jours qui suivent la prononciation du jugement, d'en envoyer un extrait au procureur général. (2)

Telles sont les règles relatives à la forme des jugemens des tribunaux de police, et de ceux de première instance, en séance de police correctionnelle.

Quant au fond de ces jugemens, en attendant que les dispositions de l'ordonnance des eaux et forêts de 1669, les lois des 19 juillet et 28 septembre

_____

(1) Code d'instruction criminelle, art. 196.
(2) *Ibid.*, art. 198.

1791, celle du 20 messidor an 3 , et les autres relatives à la police municipale, correctionnelle , rurale et forestière aient pu être revisées, les tribunaux dont il vient d'être parlé doivent appliquer, aux délits qui sont de leur compétence , les peines qu'elles prononcent (1). On a fait connaître ces diverses peines dans la première partie de cet ouvrage.

Il est défendu aux tribunaux de troubler en aucune manière les opérations des corps administratifs et de connaître des actes d'administration de quelque espèce qu'ils soient. (2)

Dans toutes les matières qui n'ont pas été réglées par le code pénal , et qui sont régies par des lois et des règlemens particuliers , les cours et tribu

---

(1) Loi du 3 brumaire an 4 , art. 191. — Code pénal , art. 484.

(2) Loi du 24 août 1790 , tit. 2 , art. 13. — Loi du 16 fructidor an 3.

naux continueront à les observer. (1)

Du nombre de ces matières, sont la chasse, les bois et forêts, attendu que le code ne renferme pas à leur égard un système complet de législation. (2)

Il est défendu aux juges de prononcer des amendes et peines, moindres que celles qui sont réglées par l'ordonnance de 1669, de les modérer ou changer après le jugement, à peine de répétition contre eux, de suspension de leurs charges pour la première fois, et de privation en récidive. Telles sont les dispositions de l'art. 14 du tit. 32 de l'ordonnance, et de l'édit du mois de mai 1716, qui a fixé la législation ; telle est aussi la jurisprudence de la cour de cassation, consacrée par ses arrêts des 3 brumaire an 11, 2 janvier 1806, 26 février 1807 et 18 mai 1809.

---

(1) Code pénal, art. 484.

(2) Avis du conseil d'état, des 4 et 8 février 1812.

On remarque dans les considérans du premier de ces arrêts, que « les juges » peuvent bien, en vertu de la loi du » 20 messidor an 3, prononcer des » amendes et restitutions plus fortes » que celles qui sont fixées par l'ordon- » nance de 1669, mais qu'ils ne peu- » vent les prononcer moindres. »

Il faut cependant observer que les amendes doivent être modérées suivant les règlemens particuliers, auxquels on doit se conformer dans chaque lo- calité, sans qu'on puisse en conclure que les tribunaux aient la faculté d'é- tendre ces règlemens hors le territoire dans lequel ils étaient en vigueur. (1)

Il ne peut être fait don, remise ou modération pour telle cause que ce soit, des amendes, restitutions, inté- rêts et confiscations, avant qu'ils soient

_____

(1) Avis du conseil d'état, du 18 brumaire an 14. — Arrêt de la cour de cassation, du 18 mai 1809.

jugés, ni après le jugement, pour quelques personnes que ce puisse être. (1)

Enfin, l'exécution des lois forestières est tellement un devoir sacré pour les juges, qu'ils doivent prononcer d'office les peines qu'elles infligent, telle que la restitution, lors même que les officiers forestiers auraient omis d'en faire mention dans leurs conclusions(2), ou qu'ils auraient pris des conclusions contraires au vœu de la loi. (3)

Le procureur du Roi du tribunal de première instance, dans le cas où il n'appellerait pas, est tenu, dans le délai de quinzaine, d'adresser un extrait du jugement au magistat du ministère public près du tribunal, ou de la cour qui doit connaître de l'appel. (4)

---

(1) Ordonnance de 1669, tit. 32, art. 15.

(2) Arrêt de la cour de cassation, du 28 janvier 1808.

(3) *Idem*, du 22 mars 1810.

(4) Code d'instruction criminelle, art. 202.

CHAPITRE X.
Des appels.

§. I.er
Appels des jugemens de police.

Les jugemens rendus en matière de police peuvent être attaqués par la voie de l'appel , lorsqu'ils prononcent un emprisonnement, ou lorsque les amendes, restitutions ou autres réparations civiles excèdent la somme de 5 francs, outre les dépens. (1)

L'appel est suspensif. (2)

L'appel des jugemens rendus par le tribunal de police, est porté au tribunal correctionnel : cet appel est interjeté dans les dix jours de la signification de la sentence à personne ou domicile ; il est suivi et jugé dans la

_____

(1) Code d'instruction criminelle , art. 172.
(2) *Ibid.*, art. 173.

même forme que les appels des sentences des justices de paix. (1)

Lorsque sur l'appel, le procureur du Roi, ou l'une des parties le requerra, les témoins peuvent être entendus de nouveau, et il peut même en être entendu d'autres. (2)

Les dispositions des articles précédens sur la solennité de l'instruction, la nature de preuves, la forme, l'authenticité et la signature du jugement définitif, et la condamnation aux frais, ainsi que les peines que ces articles prononcent, sont communes aux jugemens rendus sur l'appel par les tribunaux correctionnels. (3)

§. II.

Appels des jugemens correctionnels.

Les jugemens rendus en matière cor-

---

(1) Code d'instruction criminelle, art. 174.
(2) *Ibid.*, art. 175.
(3) *Ibid.*, art. 176.

rectionnelle , peuvent être attaqués par la voie de l'appel. (1)

L'appel est interdit à l'égard des jugemens préparatoires , c'est-à-dire des jugemens qui ne concernent que l'instruction de la cause, et qui tendent à mettre le procès en état de recevoir un jugement définitif.

Mais l'appel est formellement autorisé à l'égard des jugemens interlocutoires, qui sont ceux par lesquels un tribunal ordonne, avant de faire droit, une preuve, une vérification ou une instruction qui préjuge le fonds. (2)

La partie qui n'a point appelé d'un jugement de première instance , n'est point recevable sur l'appel de la partie adverse , à prendre de nouvelles conclusions en aggravement de peine devant la cour criminelle. (3)

_____

(1) Code d'instruction criminelle, art. 199.

(2) *Ibid.*, a᷂᷂᷂   451 et 452 — Arrêt de la cour de cassa᷂᷂᷂   du 2 août 1810.

(3) Arrêt de la cour de cassation, du 21 février 1806.

Les appels des jugemens rendus en police correctionnelle, sont portés des tribunaux d'arrondissement, au tribunal du chef-lieu du département.

Les appels des jugemens rendus en police correctionnelle au chef-lieu du département, sont portés au tribunal du chef-lieu du département voisin, quand il est dans le ressort de la cour royale, sans néanmoins que les tribunaux puissent, dans aucun cas, être respectivement juges d'appel de leurs jugemens. (1)

Dans le département où siége la cour royale, les appels des jugemens rendus en police correctionnelle sont portés à ladite cour.

Sont également portés à ladite cour les appels des jugemens rendus en police correctionnelle dans le chef-lieu d'un département voisin, lorsque la distance de cette cour n'est pas plus

_____

(1) Code d'instruction criminelle, art. 200.

forte que celle du chef-lieu d'un autre
département. (1)

La faculté d'appel appartient, 1.º aux
parties prévenues ou responsables; 2.º à
la partie civile, quant à ses intérêts
civils seulement ; 3.º à l'administration forestière ; 4.º au procureur du
Roi du tribunal de première instance,
lequel, dans le cas où il n'appelerait
pas, est tenu, dans le délai de quinzaine, d'adresser un extrait du jugement au magistrat du ministère public
près du tribunal ou de la cour qui doit
connaître de l'appel ; 5.º au ministère
public près le tribunal ou la cour qui
doit prononcer sur l'appel. (2)

Le procureur général peut se rendre
appelant d'un jugement par défaut,
rendu en police correctionnelle, avant
le délai de l'opposition expiré (3). Il

---

(1) Code d'instruction criminelle, art. 201.

(2) *Ibid.*, art. 202.

(3) Arrêt de la cour de cassation, du 17 mars
1808.

n'en est pas de même des officiers forestiers; ils ne peuvent appeler d'un
jugement rendu par défaut, que du
jour où l'opposition n'est plus recevable.

Celui qui n'a pas été partie en première instance, n'est pas recevable en
cause d'appel. (1)

Il y a, sauf l'exception portée en
l'article 205 ci-après, déchéance de
l'appel, si la déclaration d'appeler n'a
pas été faite au greffe du tribunal qui
a rendu le jugement, dix jours au plus
tard après celui où il a été prononcé;
et si le jugement est rendu par défaut,
dix jours au plus tard après celui de la
signification qui en a été faite, à la
partie condamnée ou à son domicile,
outre un jour par trois myriamètres.

Pendant ce délai, et pendant l'ins-

_____

(1) Arrêt de la cour de cassation, du 7 février 1806.

tance d'appel , il est sursis à l'exécution du jugement. (1)

La requête contenant les moyens d'appel peut être remise, dans le même délai au greffe ; elle est signée de l'appelant, ou d'un avoué , ou de tout autre fondé de pouvoir spécial.

Dans ce dernier cas , le pouvoir doit être annexé à la requête.

Cette requête peut aussi être remise directement au greffe du tribunal où l'appel est porté. (2)

Le ministère public près le tribunal ou la cour qui doit connaître de l'appel , doit notifier son recours, soit au prévenu , soit à la personne civilement responsable du délit , dans les deux mois à compter du jour de la prononciation du jugement , ou si le jugement lui a été légalement notifié par l'une des parties, dans le mois du jour

---

(1) Code d'instruction criminelle , art. 203.
(2) *Ibid.* , art. 204.

de cette notification , sinon il sera déchu. (1)

Les officiers forestiers ont , d'après la loi, qualité pour interjeter appels , et en faire les poursuites ; mais il est de règle administrative, qu'ils n'y donnent de suite qu'après en avoir reçu l'autorisation de l'administration générale des domaines et forêts. (2)

Le défaut de cette autorisation ne rend point nuls les appels par eux interjetés. (3)

Les officiers forestiers qui n'ont point fait leur déclaration d'appel , peuvent

_____

(1) Code des délits et des peines , du 3 brumaire an 4, art. 192, 193 et 194. — Code d'instruction criminelle, art. 205. — Arrêt de la cour de cassation, du 8 mai 1811.

(2) Circulaire de l'administration , du 28 frimaire an 10 , n.º 57. — Arrêt de la cour de cassation , du 7 septembre 1810.

(3) Arrêt de la cour de cassation , des 18 juin 1807 et 13 mai 1809.

y suppléer en invoquant le ministère
du procureur général. (1)

Les dispositions de l'article 64 du
code de procédure civile, ainsi que
celles de l'ordonnance de 1667, sont
étrangères aux notifications d'appels;
il suffit qu'elles soient faites aux prévenus ou à leur domicile par le ministère public. (2)

La mise en liberté du prévenu acquitté, ne peut être suspendue, lorsque aucun appel n'a été déclaré ou
notifié dans les dix jours de la prononciation du jugement. (3)

La requête, si elle a été remise au
greffe du tribunal de première instance, et les pièces, sont envoyées par
le procureur du Roi, au greffe de la

_____

(1) Circulaire de l'administration , du 28
frimaire an 10, n.º 57. — Autre circulaire ,
du 26 mai 1806 , n.º 318.

(2) Arrêt de la cour de cassation , du 8 juin
1809.

(3) Code d'instruction criminelle, art. 206.

cour ou du tribunal auquel l'appel est porté, dans les vingt-quatre heures après la déclaration ou la remise de la notification d'appel.

Si celui contre lequel le jugement a été rendu, est en état d'arrestation, il doit être dans le même délai, et par ordre du procureur du Roi, transféré dans la maison d'arrêt du lieu où siége la cour ou le tribunal qui jugera l'appel. (1)

Les jugemens rendus par défaut sur l'appel, peuvent être attaqués par la voie de l'opposition, dans la même forme, et dans les mêmes délais que les jugemens par défaut, rendus par les tribunaux correctionnels.

L'opposition emporte de droit citation à la première audience, et devient comme non avenue si l'opposant n'y comparaît pas. Le jugement qui intervient sur l'opposition, ne peut être

(1) Code d'instruction criminelle, art. 207.

attaqué par la partie qui l'a formée, si ce n'est devant la cour de cassation. (1)

L'appel est jugé à l'audience, dans le mois, sur un rapport fait par l'un des juges. (2)

Mais les juges conservent la faculté de proroger ce délai, pour donner à l'agent forestier le temps de se procurer l'autorisation dont il vient d'être parlé. (3)

A la suite du rapport, et avant que le rapporteur et les juges émettent leur opinion, le prévenu, soit qu'il ait été acquitté, soit qu'il ait été condamné, les personnes civilement responsables du délit, la partie civile, et le procureur du Roi sont entendus dans la forme et dans l'ordre prescrits par l'article 190. (4)

_____

(1) Code d'instruction criminelle, art. 208.

(2) *Ibid*, art. 209.

(3) Circulaire de l'administration, du 31 août 1811, n.º 453.

(4) Code d'instruction criminelle, n.º 210.

Les dispositions des articles précédens sur la solennité de l'instruction,
la nature des preuves, la forme, l'authenticité et la signature du jugement
définitif de première instance, la condamnation aux frais, ainsi que les peines que ces articles prononcent, sont
communes aux jugemens rendus sur
l'appel. (1)

L'officier forestier qui a interjeté appel, n'est point obligé de se rendre à
l'audience de la cour d'appel ; il peut
y être représenté par l'agent forestier
le plus voisin ; et au cas où il ne se pré-
senterait aucun agent, le ministère public stipulerait les intérêts de l'administration. (2)

L'officier ou agent qui assiste à l'audience du tribunal d'appel et même
d'une cour royale y jouit de la préro-

---

(1) Code d'instruction criminelle, art. 211.

(2) Circulaire du 31 août 1811, n.º 453.

gative

gative d'avoir une place particulière à la suite du parquet. (1)

Si le jugement est réformé parce que le fait n'est réputé délit, ni contravention de police par aucune loi, la cour ou le tribunal renvoie le prévenu, et statue, s'il y a lieu, sur les dommages-intérêts. (2)

Si le jugement est annullé, parce que le fait ne présente qu'une contravention de police, et si la partie publique et la partie civile n'ont pas demandé le renvoi, la cour ou le tribunal prononce la peine, et statue également, s'il y a lieu, sur les dommages - intérêts. (3)

Si le jugement est annullé parce que le délit est de nature à mériter une peine afflictive ou infamante, la cour

(1) Décision du grand-juge, mentionnée dans la circulaire ci-dessus.

(2) Code d'instruction criminelle, art. 212.

(3) *Ibid.*, art. 213.

11

ou le tribunal décerne, s'il y a lieu, le mandat de dépôt, ou même le mandat d'arrêt, et renvoie le prévenu devant le fonctionnaire public compétent, autre toutefois que celui qui a rendu le jugement, ou fait l'instruction. (1)

Si le jugement est annullé pour violation ou omission non réparée, des formes prescrites par la loi à peine de nullité, la cour ou le tribunal statue sur le fond. (2)

CHAPITRE XI.

Des manières de se pourvoir contre les arrêts ou jugemens.

§. I.er

Des nullités de l'instruction et du jugement.

Les arrêts et jugemens rendus en dernier ressort, en matière criminelle,

---

(1) Code d'instruction criminelle, art. 214
(2) *Ibid.*, art. 215.

correctionnelle ou de police, ainsi que l'instruction et les poursuites qui les ont précédés, peuvent être annullés dans les cas suivans, et sur des recours dirigés d'après les distinctions qui vont être établies. (1)

Lorsque, soit dans les jugemens ou arrêts de renvoi, soit dans l'instruction et la procédure qui ont été faites, soit dans le jugement même de condamnation, en matière correctionnelle et de police, il y a eu violation ou omission de quelques-unes des formalités que le code d'instruction criminelle prescrit à peine de nullité, cette omission ou violation donne lieu, sur la poursuite de la partie condamnée, ou du ministère public, ou de la partie civile, s'il y en a une, à l'annullation des arrêts ou jugemens en dernier ressort, sans distinction de ceux qui ont prononcé le renvoi de la partie ou sa condamnation.

---

(1) Code d'instruction criminelle, art. 407.

Il en est de même, tant dans les cas d'incompétence, que lorsqu'il a été omis ou refusé de prononcer, soit sur une ou plusieurs demandes de l'accusé, soit sur une ou plusieurs réquisitions du ministère public, tendant à user d'une faculté ou d'un droit accordé par la loi, bien que la peine de nullité ne soit pas textuellement attachée à l'absence de la formalité dont l'exécution a été demandée ou requise.

Néanmoins lorsque le renvoi de la partie a été prononcé, nul ne peut se prévaloir contre elle de la violation ou omission des formes prescrites pour assurer sa défense. (1)

Lorsque la peine prononcée en matière correctionnelle et de police, est la même que celle portée par la loi qui s'applique au délit, nul ne peut demander l'annullation de l'arrêt ou

---

(1) Code d'instruction criminelle, art. 408, 413 et 414.

jugement, sous prétexte qu'il y aurait
erreur dans la citation du texte de la
loi. (1)

Dans le cas où, soit la cour de cassation, soit une cour royale annulle
une instruction, elle peut ordonner
que les frais de la procédure à recom-
mencer, seront à la charge de l'officier
ou juge instructeur qui a commis la
nullité.

Néanmoins, cette disposition n'a lieu
que pour des fautes très - graves, et à
l'égard seulement des nullités qui sont
commises deux ans après la mise en
activité du code d'instruction criminelle. (2)

§. II.

Du recours en cassation.

Le ministère public et les parties
peuvent, s'il y a lieu, se pourvoir en

_____

(1) Code d'instruction criminelle, art. 413
et 414.

(2) *Ibid.*, art. 415.

cassation contre les jugemens rendus en dernier ressort par le tribunal de police, ou contre les jugemens rendus par le tribunal correctionnel, sur l'appel des jugemens de police.

Le recours a lieu dans la forme et dans les délais qui seront prescrits. (1)

La partie civile, le prévenu, la partie publique et les personnes civilement responsables, peuvent aussi se pourvoir en cassation contre les jugemens rendus sur l'appel des jugemens des tribunaux de première instance, en matière de police correctionnelle. (2)

Les préposés de l'administration forestière, chargés de la poursuite des délits, ont qualité pour déclarer en son nom se pourvoir en cassation des arrêts qui l'intéressent. Lorsqu'ils ont fait cette déclaration, ils doivent en-

_____

(2) Code d'instruction criminelle, art. 177 et 216.

(2) *Ibid.*

voyer à l'administration , par l'inter-
médiaire du conservateur, 1.º l'acte de
pourvoi ; 2.º la requête dont il a été
accompagné ; 3.º l'arrêt attaqué. Munie
de ces pièces, l'administration prend
le fait et cause de ses agens par une
requête en forme. (1)

Le recours en cassation contre les
arrêts préparatoires et d'instruction ,
ou les jugemens en dernier ressort de
cette qualité , n'est ouvert qu'après
l'arrêt ou le jugement définitif. L'exécution volontaire de tels arrêts ou jugemens préparatoires ne peut, en aucun cas, être opposée comme fin de
non-recevoir.

La présente disposition ne s'applique
point aux arrêts ou jugemens rendus
sur la compétence. (2)

_____

(1) Loi du 29 septembre 1791 , tit. 9 , art. 20.
— Circulaire de l'administration , du 26 mai
1806 , nº 318 , conforme à la jurisprudence
de la cour de cassation.

(2) Code d'instruction criminelle , art. 416.

Le prévenu qui a plaidé au fond , sans proposer aucuns moyens de nullité contre la procédure , est non recevable à les présenter comme moyens de cassation. (1)

La déclaration de recours est faite au greffier par la partie condamnée et signée d'elle ou du greffier , et si le déclarant ne peut ou ne veut signer, le greffier en fait mention.

Cette déclaration peut être faite, dans la même forme, par l'avoué de la partie condamnée, ou par un fondé de pouvoir spécial ; dans ce dernier cas, le pouvoir demeure annexé à la déclaration.

. Elle est inscrite sur un regître à ce destiné ; ce regître est public, et toute personne a le droit de s'en faire délivrer des extraits. (2)

_____

(1) Arrêt de la cour de cassation , du 6 août 1807.

(2) Code d'instruction criminelle , art. 17.

Lorsque le recours en cassation contre un arrêt ou jugement en dernier ressort, rendu en matière criminelle, correctionnelle ou de police, est exercé soit par la partie civile, s'il y en a une, soit par le ministère public, ce recours, outre l'inscription énoncée dans l'article précédent, est notifié à la partie contre laquelle il est dirigé, dans le délai de trois jours.

Ce délai ne commence à courir que le lendemain de la prononciation de l'arrêt attaqué. (1)

Lorsque cette partie est actuellement détenue, l'acte contenant la déclaration de recours lui est lu par le greffier : elle le signe, et si elle ne le peut, ou ne le veut, le greffier en fait mention.

Lorsqu'elle est en liberté, le demandeur en cassation lui notifie son recours, par le ministère d'un huissier, soit à sa personne, soit au domicile par

---

(1) Arrêt de la cour de cassation, du 26 mars 1806.

11*

elle élu : le délai est, en ce cas, augmenté d'un jour par chaque distance de trois myriamètres. (1)

Mais cette notification n'étant pas prescrite à peine de nullité, les officiers forestiers doivent s'abstenir de la faire, afin de ne pas exposer l'administration au paiement de l'amende dont il va être parlé dans le cas où M. le conseiller d'état directeur général, ne trouvant pas le pourvoi fondé juge à propos de s'en désister. (2)

La partie civile qui s'est pourvue en cassation, est tenue de joindre aux pièces une expédition authentique de l'arrêt.

Elle est tenue, à peine de déchéance, de consigner une amende de 150 f., ou de la moitié de cette somme, si l'arrêt est rendu par coutumace ou par défaut. (3)

_____

(1) Code d'instruction criminelle, art. 418.

(2) Circulaire du 9 octobre 1812, n.° 480.

(3) Code d'instruction criminelle, art. 419.

— Arrêt de la cour de cassation, du 9 novembre 1810.

Sont dispensés de l'amende, 1.º les condamnés en matière criminelle ; 2.º les agens publics, pour affaires qui concernent directement l'administration et les domaines ou revenus de l'état.

A l'égard de toutes autres personnes, l'amende est encourue par celles qui succombent dans leurs recours : sont néanmoins dispensées de la consigner celles qui joignent à leur demande en cassation, 1.º un extrait du rôle des contributions, constatant qu'elles payent moins de six francs, ou certificat du percepteur de leur commune portant qu'elles ne sont point imposées ; 2.º un certificat d'indigence à elles délivré par le maire de la commune de leur domicile ou par son adjoint, visé par le sous - préfet, et approuvé par le préfet de leur département. (1)

Les condamnés même en matière correctionnelle ou de police, à une peine emportant privation de la li-

_____

(1) Code d'instruction criminelle, art. 420.

berté ne sont point admis à se pourvoir en cassation, lorsqu'ils ne sont
pas actuellement en état, ou lorsqu'ils
n'ont pas été mis en liberté sous caution.

L'acte de leur écrou, ou de leur mise
en liberté sous caution, est annexé à
l'acte de recours en cassation.

Néanmoins, lorsque le recours en
cassation est motivé sur l'incompétence, il suffit au demandeur, pour que
son recours soit reçu, de justifier qu'il
s'est actuellement constitué dans la
maison de justice du lieu où siége la
cour de cassation. Le gardien de cette
maison peut l'y recevoir, sur la représentation de sa demande, adressée
au procureur général près cette cour,
et visée par ce magistrat. (1)

Le condamné ou la partie, soit en
faisant sa déclaration, soit dans les dix
jours suivans, peut déposer au greffe

_____

(1) Code d'instruction criminelle, art. 421.

de la cour , ou du tribunal qui aura
rendu l'arrêt ou le jugement attaqué ,
une requête contenant ses moyens de
cassation. Le greffier lui en donne reconnaissance , et remet sur-le-champ
cette requête au magistrat chargé du
ministère public. (1)

Après les dix jours qui suivent la
déclaration, ce magistrat fait passer au
ministre de la justice , les pièces du
procès , et les requêtes des parties si
elles en ont déposé.

Le greffier de la cour , ou du tribunal qui a rendu l'arrêt ou le jugement
attaqué , rédige sans frais, et joint un
inventaire des pièces , sous peine de
100 fr. d'amende , laquelle est prononcé-
cée par la cour de cassation. (2)

Dans les vingt-quatre heures de la
réception de ces pièces, le ministre de
la justice les adresse à la cour de cas-

_____

(1) Code d'instruction criminelle , art. 422.
(2) *Ibid.* , art. 423.

sation, et il en donne avis au magistrat qui les lui a transmises.

Les condamnés peuvent aussi transmettre directement au greffe de la cour de cassation, soit leur requête, soit les expéditions ou copies signifiées, tant de l'arrêt ou jugement, que de leurs demandes en cassation : néanmoins la partie civile ne peut user du bénéfice de la présente disposition, sans le ministère d'un avocat à la cour de cassation. (1)

La cour de cassation, en toute affaire criminelle, correctionnelle, ou de police, peut statuer sur le recours en cassation, aussitôt après l'expiration des délais portés au présent chapitre, et doit y statuer dans le mois au plus tard, à compter du jour où ces délais sont expirés. (2)

La cour de cassation rejette la de-

_____

(1) Code d'instruction criminelle, art. 424.

(2) *Ibid.*, art. 425.

damne ou annulle l'arrêt, ou le jugement, sans qu'il soit besoin d'un arrêt
préalable d'admission. (1)

Lorsque la cour de cassation annulle
un arrêt ou un jugement rendu, soit
en matière correctionnelle, soit en
matière de police, elle renvoie le procès et les parties devant une cour ou
un tribunal de même qualité que celui
qui a rendu l'arrêt, ou le jugement
annullé. (2)

La partie civile qui succombe dans
son recours, soit en matière criminelle, soit en matière correctionnelle ou
de police, est condamnée à une indemnité de 150 fr., et aux frais envers
la partie acquittée, absoute ou renvoyée : la partie est, de plus, condamnée envers l'état à une amende de 150 f.,
ou de 75 fr. seulement, si l'arrêt, ou

---

(1) Code d'instruction criminelle, art. 426.

(3) *Ibid.*, art. 427.

jugement a été rendu par contumace ou défaut.

Les administrations ou régies de l'état, et les agens publics qui succombent, ne sont condamnés qu'aux frais et à l'indemnité. (1)

Lorsque l'arrêt ou le jugement a été annullé, l'amende consignée est rendue sans aucun délai, en quelques termes que soit conçu l'arrêt qui a statué sur le recours, et quand même il aurait omis d'en ordonner la restitution. (2)

Lorsqu'une demande en cassation a été rejetée, la partie qui l'avait formée ne peut plus se pourvoir en cassation contre le même arrêt ou jugement, sous quelque prétexte, et par quelque moyen que ce soit. (3)

L'arrêt qui a rejeté la demande en cassation, est délivré, dans les trois jours, au procureur général près la

(1) Code d'instruction criminelle, art. 436.
(2) *Ibid.*, art. 437.
(3) *Ibid*, art. 438.

cour de cassation, par simple extrait signé du greffier, lequel est adressé au ministre de la justice, et envoyé par celui-ci, au magistrat chargé du ministère public près la cour ou le tribunal qui a rendu l'arrêt ou le jugement attaqué. (1)

Lorsqu'après une première cassation, le second arrêt ou jugement sur le fond, est attaqué par les mêmes moyens, il est procédé selon les formes prescrites par la loi du 16 septembre 1807. (2)

Lorsque, sur l'exhibition d'un ordre formel, à lui donné par le ministre de la justice, le procureur général près la cour de cassation dénonce à la section criminelle, des actes judiciaires, arrêts ou jugemens contraires à la loi, ces actes, arrêts ou jugemens, peuvent être annullés, et

_____

(1) Code d'instruction criminelle, art. 439.
(2) *Ibid.*, art. 440.

les officiers de police , ou les juges poursuivis, s'il y a lieu. (1)

Lorsqu'il a été rendu par une cour royale , ou d'assises, ou par un tribunal correctionnel ou de police , un arrêt ou jugement en dernier ressort , sujet à cassation, et contre lequel néanmoins aucune des parties n'aurait réclamé dans le délai déterminé , le procureur général près la cour de cassation, peut aussi d'office, et nonobstant l'expiration du délai, en donner connaissance à la cour de cassation : l'arrêt ou le jugement est cassé , sans que les parties puissent s'en prévaloir pour s'opposer à son exécution. (2)

L'arrêt de la cour de cassation qui annulle un arrêt émané d'une cour de justice criminelle, est , par le ministre de la justice, adressé en expédition authentique au procureur général près

---

(1) Code d'instruction criminelle , art. 441.
(2) *Ibid.* , art. 442.

cette cour, qui la communique au président, à l'accusé et à son conseil, et
la dépose ensuite au greffe. (1)

~~~~~~~~~~~~~~~~~~~~~~~~~~~~~~~~~~~~~~

CHAPITRE XII.

De l'exécution des jugemens.

§. I.er

Exécution des jugemens de police.

Le ministère public et la partie
civile poursuivent l'exécution du jugement, chacun en ce qui le concerne. (2)

§. II.

Exécution des jugemens correctionnels.

Les jugemens correctionnels sont
exécutoires dans tout le royaume, sans
visa ni *pareatis*, encore que l'exécution

---

(1) Loi du 3 brumaire an 4, art. 456, rappelée par la loi du 29 avril 1806.

(2) Code d'instruction criminelle, art. 163.

ait lieu hors du ressort du tribunal, par lequel le jugement a été rendu. (1)

Ces jugemens sont exécutés à la réquête du procureur du Roi et de la partie civile, chacun en ce qui le concerne.

Néanmoins les poursuites pour le recouvrement des amendes et autres condamnations sont faites par les receveurs de l'enregîtrement et des domaines, chacun dans son arrondissement. (2)

Il en est de même des poursuites faites pour le recouvrement des frais auxquels la punition des délits a donné lieu. (3)

----

(1) Code de procédure civile, art. 547.

(2) Loi du 29 septembre 1791, tit. 9, art. 23. — Loi du 3 brumaire an 4, art. 190. — Décision de S. Exc. le ministre des finances, du 24 novembre 1817. — Instruction de l'administration, du 2 décembre 1817, n.º 813.

(3) Loi du 18 germinal an 7, art. 3. — Instruction approuvée par le ministre des finances, transmise par la circulaire du 7 janvier 1812, n.º 461.

Dans les trois mois qui suivront l'expiration du délai fixé pour l'appel des jugemens portant peine d'amende ou de confiscation, les greffiers des tribunaux remettent au receveur de l'arrondissement, les extraits des jugemens de condamnation. (1)

Les greffiers reçoivent des receveurs de la régie 25 centimes pour chacun de ces extraits, quelle que soit leur longueur. (2)

S'il y a eu appel, le greffier remet cet extrait dans les trois jours qui suivent la réception du jugement confirmatif. (3)

S'il y a eu recours en cassation, la

---

(1) Instruction de M. le conseiller d'état directeur général de l'enregitrement et des domaines et forêts, du 2 décembre 1817, n.º 813.

(2) Décret du 12 juin 1811. — Autre décret du 7 avril 1813, art. 7.

(3) Arrêté du directoire exécutif, du premier nivôse an 5, modifié par celui du 16 du même mois.

condamnation est exécutée dans les
vingt-quatre heures de la réception de
l'arrêt de la cour de cassation qui a
rejeté la demande. (1)

Dans tous les cas, il est procédé sans
délai à la vente des bestiaux pris en
délit et confisqués, au plus offrant et
dernier enchérisseur, au jour de marché, à leur juste valeur (2), à la diligence du receveur de l'enregîtrement,
et par un huissier, qui en dresse procès
verbal. (3)

Et s'il arrivait que par l'autorité des
propriétaires il ne se trouvât point
d'enchérisseurs, il en serait dressé procès verbal, et seraient les bestiaux envoyés aux marchés des villes, où il
serait trouvé plus à propos pour l'avantage du trésor public. (4)

_____

(1) Loi du 3 brumaire an 4, art: 443.

(2) Ordonnance de 1669, tit. 32, art. 11.

(3) Lettre de l'administration générale des
eaux et forêts, du 10 janvier 1806, n.° 3272.

(4) Ordonnance de 1669, tit. 32, art. 11.

Le recouvrement des amendes , restitutions et dommages-intérêts prononc-
cés au profit de l'état, est confié, comme
on l'a déjà dit , aux receveurs de l'enregistrement qui font les diligences nécessaires, dès qu'ils ont reçu les extraits
des jugemens. (1)

Il n'en est pas de même des dommages-intérêts et restitutions prononc-
cées en faveur des communes ; le recouvrement doit en être fait par le percepteur des deniers communaux. (2)

Après avoir consigné l'article sur leur
sommier , les receveurs envoient par un
garde forestier ou toute autre voie sure ,
un avertissement au condamné ; si
à l'expiration du délai fixé le redeva-
ble ne se présente pas pour s'acquitter,

_____

(1) Arrêté du directoire exécutif du premier
nivôse , art. 2.

(2) Loi du 30 juin 1793. — Décision du ministre des finances , du 25 août 1807. — Circulaire du conseiller d'état directeur général de
l'administration de l'enregitrement , du 7 septembre 1807.

ils lui font signifier par le garde le plus voisin extrait des jugemens de condamnation, ou du rôle, s'il a été déclaré exécutoire par le *visa* du président ou procureur du Roi du tribunal, avec commandement de payer, dans la huitaine. (1)

Lorsqu'il s'agit d'un jugement contradictoire, il suffit à l'huissier d'en placer un extrait en tête de son exploit. (2)

A l'égard des jugemens par défaut, ils ne peuvent être exécutés qu'après avoir été signifiés en entier, et lorsqu'il est constaté qu'il n'y a pas eu d'opposition dans les dix jours à compter de cette signification. (3)

_____

(1) Instruction du 2 décembre 1817, n.° 813.

(2) Circulaire de l'administration générale des eaux et forêts, du 12 germinal an 13, n.° 261.

(3) Circulaire de l'administration générale des eaux et forêts, du 12 germinal an 13, n.° 261.

les

Dans ce cas , les receveurs peuvent se contenter de notifier un extrait du jugement , avec mention de la significa-tion qui a été précédemment faite. (1)

A l'expiration du délai de huitaine, fixé par le commandement , le rece-veur fait procéder par un huissier aux poursuites autorisées par la loi , pour contraindre le débiteur au paiement. (2)

Lorsqu'un condamné est dans l'im-possibilité de payer , il peut lui être délivré , à la diligence du receveur , un certificat d'indigence par le garde général, vérifié par le maire, au vu du rôle des contributions , et visé par l'inspecteur ou sous-inspecteur des forêts. (3)

Les maires et adjoints doivent être

_____

(1) Circulaire de l'administration générale des forêts , du 12 germinal an 13 , n.º 261.

(2) Instruction du 2 décembre 1817 , n.º 813.

(3) Circulaire de S. Exc. le ministre des finan-ces à MM. les préfets , du 8 fructidor an 10. —
Instruction du 2 décembre 1817 , n.º 813.

12

d'autant plus circonspects dans la délivrance de ces certificats, qu'ils en sont personnellement responsables.

Ces certificats d'indigence n'ont pour objet que d'éviter au trésor public des frais, lorsque les débiteurs ou redevables sont dans l'impossibilité de se libérer envers le domaine. (1)

Le défaut de paiement des amendes et des dédommagemens ou indemnités, n'entraîne la contrainte par corps (2) que vingt-quatre heures après le commandement. (3)

Si le condamné est solvable, son emprisonnement, à défaut de paiement, est effectué sur la poursuite du directeur de l'enregîtrement, au nom du procureur du Roi. (4)

_____

(1) Circulaire de S. Exc. le ministre de l'intérieur à MM. les préfets, du 8 fructidor an 10.

(2) Code pénal, art. 52.

(3) Loi du 28 septembre 1791, tit. 2, art. 5.

(4) Lettre du ministre de la justice, du 3 pluviôse an 7, rapportée dans une circulaire de

L'emprisonnement, à défaut de paiement de la part d'une personne solvable, est prolongé jusqu'à ce qu'elle se
soit acquittée, car l'art. 18 du tit. 32
de l'ordonnance de 1669, et l'art. 41
du tit. 2 de la loi du 22 juillet 1791,
qui veulent que les dommages-intérêts,
ainsi que la restitution et les amendes,
emportent contrainte par corps, ne
limitent point la durée de l'emprisonnement qui doit être subi par le rede-
vable; d'où l'on doit conclure que cet
emprisonnement doit être continué
jusqu'à ce que le condamné se soit
acquitté.

Le condamné peut, après six mois
d'incarcération, obtenir du tribunal
son élargissement, s'il justifie de son
insolvabilité (1), notamment par un

l'administration du domaine et de l'enregitrement, du premier fructidor an 8, n.º 1864.

(1) Code pénal, art. 52 et 53. — Décision
du ministre de la justice, du 7 mars 1812,
mentionnée dans une lettre de M. le directeur

Exploit de carence, conformément à la déclaration du Roi, du 24 novembre 1670. (1)

Dans les cas graves où la détention est jointe à l'amende, la détention à l'égard des insolvables peut être prolongée du quart du temps prescrit par la loi. (2)

L'emprisonnement auquel une personne solvable est condamnée par jugement, est exécuté au nom et sur la poursuite du procureur du Roi. (3)

L'administration forestière n'est point obligée de consigner les frais de nourriture des condamnés pour délits fo-

---

général de l'administration, écrite au conservateur de la 13.e division, le 16 du même mois.

(1) Décision du grand-juge, ministre de la justice, du 29 février 1808.

(2) Loi du 28 septembre 1791, tit. 2, art 5; arrêté du directoire exécutif, du 16 nivôse an 5, art. 4.

(3) Lettre du ministre de la justice, du 3 pluviôse an 7, ci-dessus citée.

restiers, emprisonnés à sa requête. (1)

Les gardes, comme agens secondaires de la force publique peuvent mettre à exécution les mandats qui leur sont donnés par le procureur du Roi pour capture, en exécution d'un jugement ou arrêt en matière correctionnelle (2)

Dans ce cas, il leur est alloué pour chaque capture :

A Paris................... 18 f.

Dans les villes de 40,000 âmes et au-dessus................... 15

Dans les autres villes et communes..................... 12 (3)

---

(1) Décret du 14 mars 1808. — Décision du grand-juge ministre de la justice, du 23 septembre 1811.

(2) Avis du conseil d'état du 16 mai 1807. — Lettre de M. le conseiller d'état, directeur général de l'administration, du 15 juillet 1813, n.° 1082.

(3) Décret du 7 avril 1813, art. 6.

CHAPITRE XIII.

Des frais de poursuites et d'exécution.

Les receveurs de l'enregîtrement sont chargés de rembourser les frais faits pour la poursuite des délits forestiers, ainsi que ceux qui sont adjugés contre la direction des domaines et forêts. (1)

Les receveurs de l'enregîtrement dressent, à la fin de chaque trimestre, des états distincts et séparés des salaires des témoins qui ont pu être administrés par les officiers forestiers. Ces états indiquent la nature de chaque délit; ils sont appuyés des citations, et sont soumis aux formalités de l'exécution et du *visa*. (2)

---

(1) Loi du 29 septembre 1791, tit. 9, art. 24.

(2) Lettre du grand-juge aux commissaires du gouvernement près les tribunaux, du 16 messidor an 11, rapportée dans une circulaire de l'administration générale des eaux et forêts, du 10 messidor suivant, n.° 155.

Les greffiers pour les expéditions ,
copies et extraits , qu'ils sont dans le
cas de délivrer , et les huissiers pour
les actes de leur compétence , forment
aussi des mémoires distincts et séparés ,
à la fin de chaque mois ou de chaque
trimestre , et ils les font arrêter par le
conservateur ou l'inspecteur des eaux
et forêts , avant de les présenter au
président du tribunal , pour être par
lui rendus exécutoires, en présence du
procureur du Roi , revêtus de la signature de ces magistrats , et visés par le
préfet. (1)

Tous ces frais ainsi constatés sont
payés immédiatement par les receveurs
du domaine dans chaque arrondissement , comme les autres frais de jus-

_____

(1) Lettre du grand-juge aux commissaires
du gouvernement près les tribunaux , du 16
messidor an 11 , rapportée dans une circulaire
de l'administration générale des eaux et forêts ,
du 10 thermidor suivant , n.° 155.

tice (1), sans que les officiers et agens
de l'administration puissent dans aucun
cas être tenus de déposer au greffe la
somme présumée nécessaire pour les
frais de procédure. (2)

Les officiers forestiers demeurent ga-
rans de la véracité des articles qu'ils
sont chargés d'arrêter. (3)

L'article 1.er de la loi du 5 pluviôse
an 13, concernant la diminution des
frais de justice, n'est point applicable
aux citations et significations faites à
la requête des officiers forestiers ; ils

_____

(1) Lettre du grand-juge aux commissaires
du gouvernement près les tribunaux, du 16
messidor an 11, rapportée dans une circulaire
de l'administration générale des eaux et forêts,
du 10 thermidor suivant, n.º 155.

(2) Lettre du grand-juge ministre de la justice, jointe à celle de M. le directeur général
de l'administration, écrite au conservateur de
la 13.e division, le 16 mars 1812.

(3) Lettre du grand-juge, du 16 messidor an
11, ci-dessus citée.

sont autorisés à continuer d'employer le ministère des huissiers ; mais ceux-ci n'ont plus de droit de prétendre d'autres frais de voyages que ceux qui leur sont alloués par les règlemens antérieurs, pour les déplacemens auxquels ils seraient obligés dans l'étendue du canton seulement. (1)

Pour économiser les frais, les officiers forestiers doivent combiner les significations, de manière à en faire faire plusieurs à la fois dans le même canton, par le même huissier, qui ne peut exiger qu'un seul droit de transport. (2)

_____

(1) Instruction du grand-juge ministre de la justice, du 6 brumaire an 14, contenue dans une circulaire de l'administration, du 2 frimaire suivant, n.° 294.

(2) Lettre du grand-juge aux commissaires du gouvernement près les tribunaux', du 16 messidor an 11, rapportée dans une circulaire de l'administration générale des eaux et forêts, du 10 thermidor suivant, n.° 155.

D'après les mêmes vues, les officiers forestiers ne doivent lever au greffe que les expéditions évidemment indispensables. (1)

Ces expéditions doivent être présentées au président et au procureur du Roi qui y mettent leur *visa*, et donnent au greffier un certificat, portant qu'il s'est conformé aux règlemens, tant sur les actes à délivrer, que sur le nombre de lignes dans chaque page, et de syllabes dans chaque ligne. (2)

Ces expéditions en forme doivent être payées 40 centimes par rôle ; elles se délivrent sur papier libre (3). Le rôle

---

(1) Lettre du grand-juge aux commissaires du gouvernement près les tribunaux, du 16 messidor an 11, rapportée dans une circulaire de l'administration générale des eaux et forêts, du 10 thermidor suivant, n.º 155.

(2) Décret du 14 février 1806.

(3) Circulaire du 10 octobre 1811, n.º 456, contenant une décision du grand-juge, du 4

doit contenir 28 lignes à la page, et 16 syllabes à la ligne. (1)

Les greffiers ne sont autorisés à fournir une expédition des jugemens pour l'usage de l'agent forestier, que dans le cas où celui-ci l'a demandée. (2)

Tous les trois mois, chaque receveur remet à l'inspecteur de l'enregîtrement et des domaines, lors de l'arrêté des comptes, un état des condamnations prononcées et des recouvremens opérés. L'inspecteur s'assure de l'exactitude de cet état, et s'explique particulièrement, dans sa lettre de tournée, sur les mesures prises pour accélérer les recouvremens.

Le directeur, d'après les états partiels remis par les inspecteurs, dresse un état sommaire par bureau, qu'il

du même mois. — Autre circulaire du 7 janvier 1812, n.° 461.

(1) Décret du 18 juin 1811, art. 42.

(2) *Idem.*

envoie au directeur général avec ses observations. (1)

Les receveurs seraient dans le cas d'être rendus responsables personnellement des sommes pour lesquelles ils n'auraient pas exercé les poursuites nécessaires dans les trois mois de la réception des extraits de jugemens de condamnations. (2)

---

(1) Instruction de M. le conseiller-d'état directeur-général de l'enregîtrement et des domaines et forêts, du 2 décembre 1817, n.° 813.
(2) *Ibid.*

F I N.

FORMULES
DE PROCÈS VERBAUX.

LES agens qui se seront bien pénétrés des dispositions des lois analisées dans cet ouvrage rédigeront exactement leurs procès verbaux, et ne seront point exposés à y commettre des irrégularités qui entraînent souvent la nullité des poursuites, et la perte pour l'état, les communes ou les particuliers, des frais exposés contre les prévenus. Cependant pour leur plus grande facilité, on va donner les formules des procès verbaux auxquels donnent lieu les délits les plus fréquens.

PREMIÈRE FORMULE.
Procès verbal simple.

Le ... du mois de ... an ... avant (ou après) midi ... nous soussigné ... garde forestier du triage de .... forêt de ... inspection de ... arrondissement communal de ... département de ...

assermenté au tribunal de première
instance de ... demeurant à ... étant
dans le cours de notre visite, revêtu
de notre bandoulière, en passant dans
le triage de .... quartier de ... de
ladite forêt, avons entendu plusieurs
coups de cognée, au bruit desquels
nous avons accouru, et étant parvenu
dans la partie méridionale dudit quartier, avons aperçu le nommé N....,
charbonnier, demeurant à .... (le même
contre lequel il existe plusieurs juge-
gemens de condamnation pour vols
de bois, notamment celui du ....)
qui, dès qu'il nous a vu, s'est éloigné,
laissant sur le lieu du délit plusieurs
branches de chêne de l'âge du taillis,
qu'il avait commencé à lier pour en
faire un fagot. Ayant fait connaître
audit .... notre qualité, lui avons
déclaré que nous allions dresser procès
verbal contre lui; l'invitant à venir
avec nous pour être présent à sa rédaction et le signer; à quoi il s'est refusé.

De tout quoi nous avons rédigé le
présent procès verbal, en notre domi-
le, les jour, mois et an ci-dessus.

DEUXIÈME FORMULE,

Procès verbal avec ressouchement.

Le.... nous.... avons réncontré
dans le chemin qui traverse ladite forêt
du nord au midi, un homme à nous
inconnu, portant un chêne de l'âge
d'environ .... ans et que nous avons
reconnu pour être fraîchement coupé;
lui ayant déclaré notre qualité, l'avons
sommé de nous dire quels étaient ses
noms, prénoms, qualités et demeure;
à quoi il a répondu s'appeler ... fils,
charbonnier, demeurant à .... lui
avons ensuite fait commandement de
nous déclarer où il avait coupé ledit
arbre, et de retourner avec nous sur
le lieu du délit pour être présent au
ressouchement que nous nous propo-
sions de faire, à quoi ledit .... ayant
obéi, nous nous sommes rendus ensem-

ble sur la coupe usée de l'ordinaire de l'an .... où nous avons reconnu en présence du délinquant, la souche dont a été séparé ledit chêne, en comparant son diamètre avec celui de ladite souche, lequel chêne s'est trouvé avoir ... décimètres de tour ; après cette vérification, avons fait remarquer audit ... que le chêne par lui coupé portait l'empreinte du marteau royal, et que c'était un baliveau de l'âge du taillis qui a été exploité à l'âge de .... (ou qu'il portait .... empreinte des marteaux ... et que c'était un pied cornier, parois, ou lisière séparatif de la coupe usée avec le taillis restant) à quoi il a répondu .... avons ensuite déclaré au délinquant la saisie dudit chêne que nous avons laissé près de sa souche, après l'avoir marqué de notre marteau ; enfin nous lui avons dit que nous allions dresser contre lui notre procès verbal, etc.

TROISIÉME FORMULE.

Procès verbal avec saisie de ferrement.

Le .... nous .... dans le cours de notre visite, passant au triage de .... avons vu ... le nommé.... voiturier du sieur ... maître de forge, demeurant à .....

qui { coupait *ou* ébranchait *ou* éhoupait *ou* déshonorait } avec { une hache *ou* une scie } un arbre

esssence de ..... de l'âge d'environ ....' et de ..... décimètres de tour, mesuré à 163 millimètres de terre (1). Nous étant approché de lui, l'avons sommé de nous remettre sa hache (ou scie) ; et comme il prenait la fuite lui avons déclaré que nous saisissions cet outil entre ses mains, et l'en rendions dépositaire de justice, *ou* (à quoi ayant

_____

(1) Cent soixante-trois millimètres équivalent à un demi-pied de roi de l'ancienne mesure.

obéi , nous nous sommes emparé de ladite hache , pour en faire tel usage que de droit); enfin , avons déclaré audit .... que nous allions dresser contre lui notre procès verbal , etc.

QUATRIÈME FORMULE.

Procès verbal avec saisie d'attelage.

Le .... nous .... déclarons que nous retirant dans notre domicile à l'entrée de la nuit , nous avons aperçu une charrette attelée de deux chevaux , qui nous ont paru être de couleur noire , et conduite par deux hommes , allant vers la forêt de .... par le chemin qui part de la commune de .... Ayant suivi sa marche de loin , nous nous sommes aperçu qu'elle s'était arrêtée au triage de .... dans la partie où doit être assise la coupe de l'année prochaine , âgée de .... Après nous y être rendu , avons reconnu que Thomas N...., laboureur , demeurant à .... et Joseph N..., son fils , char-

geaient un chêne sur ladite charrette.
Après avoir reproché auxdits .... leur
mépris pour les lois , nous leur avons
déclaré que nous saisissions , tant le
chêne coupé en délit , que la charette
et les deux chevaux destinés à en faire
le transport (ceux-ci nous ayant défendu d'approcher en nous menaçant
de nous frapper des haches dont ils
étaient armés l'un et l'autre , nous
avons séquestré entre leurs mains lesdits chevaux , charrettes et haches ;
ainsi que le chêne qu'ils voituraient ,
et les avons établis dépositaires du tout
avec défense de s'en dessaisir jusqu'à
ce que par justice il en ait été autrement ordonné. Nous avons ensuite mesuré la souche sur laquelle avait été
coupé ledit chêne , et avons trouvé
qu'elle avait .... mètres .... décimètres
de tour, pris à 163 millimètres de terre.)
Nous avons de plus observé que la charette dont s'agit avait traversé sur une
longueur de .... un taillis de l'âge de ....

et que les roues en avaient écrasé un
grand nombre de brins que nous avons
comptés jusqu'au nombre de .... ayant
l'un dans l'autre environ .... centimètres de tour.

Ou (ceux - ci nous ayant dit qu'ils
reconnaissaient leur faute , et qu'ils
étaient prêts à se soumettre aux dispositions des lois , nous leur avons ordonné de conduire ia charrette chargée
du chêne dont il s'agit chez le sieur ....
laboureur, demeurant à .... ce qu'ils
ont fait à l'instant, et étant arrivé au
domicile dudit .... nous lui avons déclaré que de par le Roi nous le constituions
gardien dudit attelage et du chêne dont
était chargée ladite charrette , et que
nous lui faisions défense de s'en dessaisir , qu'en vertu de mandement de
justice. Nous avons ensuite constaté en
présence, tant desdits Thomas et Joseph
N....., que du sieur ..... dépositaire
que le chêne dont s'agit avait .... mètres
de long et .... mètres de tour au gros

bout'; qu'il était de la plus belle venue ,
bien élancé, droit et sans branches ,
sur une longueur de ..... et l'avons
estimé à la somme de ..... après quoi
nous avons de tout dressé le présent
procès verbal , dont nous avons donné
copie à chacune des parties ci-dessus
dénommées , et dont nous avons signé
tant le présent original que les copies ,
avec ledit .... dépositaire , non lesdits
Thomas et Joseph N.... qui ont refusé
de le signer, de ce interpellés.

Fait double , etc.

CINQUIÈME FORMULE.

Procès verbal de perquisition.

Le .... nous .... nous étant transporté
dans la forêt royale de ..... pour y
faire notre visite ordinaire , avons reconnu dans le triage de ..... que l'on
avait coupé avec une scie , et enlevé
dix baliveaux modernes essence de
hêtre , dont nous avons mesuré les
souches à la coupe , et que nous avons

trouvé avoir ..... décimètres de tour
chacun. Ayant suivi les traces des chevaux et charrettes qui ont servi au
transport desdits arbres, elles nous ont
mené au hameau de .... commune de ...
et ont cessé de paraître près de la maison
du sieur N...., garde vente du sieur ....
adjudicataire de la coupe de l'an .....
de ladite forêt, et attendu que l'arrêté
du gouvernement du 4 nivôse an 5 ne
permet aux gardes de s'introduire dans
les maisons qu'avec l'assistance d'un
officier municipal, nous avons résolu
de nous transporter de suite chez le
sieur ..... maire de ladite commune,
pour le requérir de nous assister dans
les perquisitions que nous entendions
faire dudit bois volé. De quoi nous
avons dressé le présent procès verbal
que nous avons signé dans la commune
de .... les an et jour ci-dessus.

Le ..... nous ..... en exécution du
contenu en notre procès verbal du ....
nous sommes rendus au domicile du

sieur ...... maire de la commune
de .... lequel nous avons requis de nous
assister dans la recherche que nous entendions faire au domicile du sieur ....
du bois volé dans la forêt de \... dont
est fait mention en notredit procès
verbal du .... duquel nous avons donné
lecture audit maire ; celui-ci nous ayant
déclaré qu'il était prêt à nous donner
son assistance (1), nous nous sommes
transporté avec ledit maire dans la
maison dudit N....., nous lui avons
annoncé quel était le sujet de nos dé-
marches, et l'avons sommé de nous
ouvrir les portes de ses granges, cours
et remises ; à quoi ayant satisfait, nous
avons trouvé dans une cour au levant
de la maison, dix arbres essence de
hêtre, ayant à la coupe, comme ceux

---

(1) En cas de refus ou retard affecté du
maire, adjoint ou commissaire de police, d'assister un garde dans la recherche du bois volé,
le garde doit en dresser procès verbal.

enlevés dans la forêt, chacun .... décimètres de tour ; ayant demandé audit ..... où il s'était procuré lesdits hêtres, il nous a répondu .... Malgré cette réponse, nous n'avons pas douté que ces arbres ne fussent ceux dont nous faisions la recherche , surtout après avoir remarqué qu'ils portaient l'empreinte du marteau royal que ledit ..... n'a pu s'empêcher de reconnaître. En conséquence nous avons saisi lesdits arbres , après les avoir marqués de notre marteau, et en avons établi gardien ledit N..... à qui nous avons fait défense d'en disposer autrement que par mandement de justice, et avons estimé lesdits arbres à la somme de .... chacun; de tout quoi nous avons dressé le présent procès verbal, dont nous avons donné lecture audit ... et audit .... maire , et qu'ils ont signé l'un et l'autre, *ou* (qui ont refusé de signer , de ce interpellés) , et en avons donné copie audit N.... dépositaire

taire , laquelle a été revêtue des mêmes
signatures que l'original.

Fait double, à ....

*Procès verbal dressé contre un homme
inconnu au garde.*

Le ..... nous ..... parcourant notre
triage , avons reconnu dans les taillis
de .... ans, qu'il venait d'être conpé
un baliveau de l'âge, essence de chêne,
que nous avons frappé de notre marteau, tant à la souche qu'à la tige.
Présumant que le délinquant à notre
approche était sorti de la forêt par le
chemin qui conduit à .... nous l'avons
parcouru et étant arrivé à la rive de
ladite forêt, nous avons aperçu à environ .... un homme armé d'une hache,
qui dirigeait sa marche vers .... Nous
étant informé de son nom auprès de
N.... que nous avons rencontré, il nous
a répondu qu'il l'ignorait ; mais qu'il
avait reconnu cet individu pour un

13

habitant du hameau de ..... Nous y
étant à l'instant transporté, le sieur
N.... que nous avons trouvé à l'entrée
dudit hameau, et à qui nous avons
fait différentes questions, nous a déclaré qu'il venait de rencontrer , du
côté de la forêt et armé d'une hache,
le nommé.... de quoi nous avons dressé
le présent procès verbal.

SEPTIÈME FORMULE.

Procès verbal pour délit de pâturage.

Le .... nous .... certifions qu'exerçant
nos fonctions dans la forêt de .... et
étant arrivé au triage de .... nous avons
trouvé dans un taillis de .... ans, une
vache sous poil noir de l'âge d'environ ..... ans, et deux jeunes bœufs,
l'un sous poil rouge, de l'âge d'environ ..... ans; l'autre sous poil brun de
l'âge d'environ ..... ans, qui avaient
déjà endommagé un grand nombre de
cépées du taillis, sur une étendue d'en-

viron .... ares (1), et continuaient à
le brouter, sous la garde d'un homme
que nous avons reconnu être le nommé
N..... manœuvre, demeurant à .....
(après avoir déclaré audit N.... notre
qualité, l'avons sommé de conduire les
bestiaux trouvés en délit chez le sieur ...
ce à quoi il a obéi, et étant arrivé au
domicile dudit .... nous l'avons constitué gardien desdits bestiaux, avec
défenses de s'en dessaisir qu'il n'en ait
été ordonné par justice ; de quoi nous
avons dressé le présent procès verbal,
dont nous avons laissé copie audit ....
dépositaire, après avoir signé, tant
l'original que ladite copie avec ledit
N.... et non ledit .... dépositaire, qui
a déclaré ne savoir signer) *ou* (à quoi

_____

(1) Cinquante-un ares équivalent à peu près
à un arpent de l'ordonnance. Cette donnée est
suffisante pour guider les gardes dans l'évalua-
tion approximative des surfaces.

s'étant refusé, et nous ayant été im-
possible de rassembler lesdits bestiaux ,
nous avons déclaré audit N.... que nous
les saisissions et l'en rendions dépositaire , pour par lui être gardés jusqu'à
ce qu'il en eût été autrement ordonné ;
de tout quoi nous avons dressé le présent procès verbal, dont nous avons
laissé copie signée de nous audit N....
qui a déclaré ne vouloir signer, de ce
interpellé.)

Fait double , les jour , mois et an
ci-dessus.

HUITIÈME FORMULE.

Procès verbal pour délit de chasse.

Le ..... nous .... étant en cours de
visite dans la forêt de ..... et passant
par le triage de .... nous avons entendu
tirer un coup de fusil ; et nous étant
porté vers le lieu d'où le coup était
parti ... nous y avons trouvé le sieur ...
cultivateur, habitant de ..... qui re-
chargeait le fusil dont il était armé et

avait près de lui un chien couchant de couleur ..... après l'avoir invité à nous représenter la permission dont il devait être muni pour pouvoir chasser dans une forêt royale, il nous a répondu .... sur quoi nous avons saisi son fusil entre ses mains, et lui avons fait défenses d'en disposer autrement que par mandement de justice. Nous lui avons ensuite déclaré que nous allions dressser contre lui un procès verbal, le sommant de nous accompagner pour être présent à sa rédaction et le signer; ce à quoi il s'est refusé.

Fait double ....

NEUVIÈME FORMULE.

Procès verbal pour délit de pêche.

Le .... nous .... avons reconnu dans le cours de notre visite de la forêt royale de .... le nommé N.... laboureur, demeurant à ..... qui retirait un filet de la rivière de ..... qui traverse ladite

forêt. Nous en étant approché, il lui a
été par nous observé qu'il n'était ni
fermier de la pêche ni pourvu d'une
licence, et qu'il ne pouvait pêcher
dans ladite rivière qu'à la ligne flottante
tenue à la main. Et lui ayant déclaré
notre qualité et la saisie que nous faisions dudit filet (nous l'en avons rendu
dépositaire, pour par lui être représenté lorsqu'il en serait ordonné par
justice) *ou* (nous nous en sommes
emparés pour en faire tel usage que
de droit). Nous avons ensuite sommé
ledit N.... d'être présent à la rédaction
du procès verbal que nous allions dresser contre lui et de le signer, à quoi il
s'est refusé.

Fait double, etc.

DIXIÈME FORMULE.

Autre procès verbal pour délit de pêche.

Le .... nous .... déclarons que parcourant la rive droite de la rivière navigable de ..... dans le territoire de la

commune de ... nous avons aperçu sur
la partie de ladite rivière, affermée au
sieur N.... pêcheur, demeurant à ....
ledit N..... qui retirait d'un épervier
plusieurs petits barbeaux ayant moins
de six pouces entre la tête et la queue.
Nous nous sommes approché dudit N...
auquel nous avons dit qu'il contreve-
nait à plusieurs dispositions des lois ,
puisqu'il pêchait avait un engin défendu, en temps de frai et pendant la
nuit ; que nous saisissions son épervier , et que nous allions dresser contre
lui un procès verbal, le sommant, etc. ,
et après que ledit N.... nous a eu fait
la remise de son épervier, et que nous
avons eu rejeté dans la rivière les poissons qu'il contenait, nous nous sommes
rendus dans notre domicile pour y
dresser notre présent procès verbal ,
que nous avons fait double les jour ,
mois et an avant dits.

ONZIÈME FORMULE.

Autre procès verbal pour délit de pêche.

Le .... nous .... nous rendant à notre
triage , et passant près de la rivière non
navigable de.... sur la rive droite , dans
une partie à laquelle aboutissent les
prés appartenant à ..... avons trouvé
ledit ..... et son fils aîné qui venaient
de retirer de ladite rivière .... lignes,
avec amorces vives, et en détachaient
plusieurs barbeaux. Nous leur avons
observé que la loi , en donnant aux
propriétaires riverains le droit de pêcher sur les rivières non navigables ,
leur imposait l'obligation de se conformer aux dispositions de l'ordonnance
de 1669, et que lesdits .... y contreve-
naient en employant des lignes avec
amorces vives. En conséquence nous
avons saisi entre leurs mains , tant
lesdites lignes, au nombre de .... que
le poisson qu'ils avaient enfermé dans
un sac , et qui nous a paru être du poids

d'environ ..... kilogrammes, et leur avons déclaré que nous allions dresser contre eux notre procès verbal, les sommant, etc.

DOUZIÈME FORMULE.

Procès verbal contre un garde pour délit non constaté.

Le .... nous ..... garde général du cantonnement de ... etc., faisant notre visite dans la forêt royale de ... et étant parvenu au triage de .... avons aperçu qu'il y avait été coupé quatre chênes ayant chacun .... décimètres de tour, mesurés à 163 millimètres de terre, et qui avaient été enlevés sur des charrettes dont on apercevait les traces. Nous nous sommes de suite transporté dans la barraque royale bâtie dans ladite forêt, et occupée par N.... garde ordinaire dudit triage, nous nous sommes fait représenter son regitre; ayant aperçu qu'il n'y était fait aucune mention du délit ci-dessus, quoiqu'il eût été com-

13 *

mis depuis plusieurs jours, nous avons arrêté ledit regître, et déclaré audit garde qu'il ne devait pas ignorer qu'il était responsable des délits qu'il négligeait de constater, et qu'il était d'autant plus repréhensible, que les chênes dont il s'agit avaient été coupés à une très-petite distance de son habitation, et que la charrette qui avait servi à leur transport avait passé devant sa porte; à quoi ledit garde nous a répondu ..... De tout quoi nous avons dressé le présent procès verbal, qu'il a signé avec nous.

Fait double, etc.

TREIZIÈME FORMULE.

Procès verbal de flagrant délit.

Le ...... nous garde général du cantonnement de, etc., instruit qu'il se commet des délits nocturnes dans la forêt communale de ..... par des personnes attroupées et armées, et que la vigilance des gardes ordinaires de la-

dite forêt ne pouvait réprimer ce brigandage, avons, en vertu de l'art. 25
du code d'instruction criminelle, requis le sieur ..... officier de la gendarmerie, à .... de faire trouver .... gendarmes le .... du mois de ....à ... heures
du soir, à l'entrée de la forêt du côté
du midi; cet officier ayant promis de
satisfaire à notre réquisition , nous
avons aussi ordonné au sieur .... chef
de brigade forestière de .... de se trouver avec sa brigade à l'extrémité septentrionale ledit jour et à ladite heure;
de quoi nous avons dressé le présent
procès verbal ...... les jour et an cidessus.

Et aujourd'hui .... du mois de ....à
.... heures du soir, les deux troupes
mentionnées en notre procès verbal du
..... s'étant trouvées aux postes à elles
indiqués par ledit procès verbal, nous
avons requis leurs commandans respectifs de distribuer leurs forces chacun sur deux colonnes, et de les diri

ger vers le centre de ladite forêt, où
étaient rassemblés les délinquans ; ce
qui ayant été exécuté, les délinquans
au nombre de dix, armés de haches
et de fusils, se sont trouvés cernés.
Nous nous sommes approché d'eux,
étant revêtu de notre bandoulière ;
après leur avoir déclaré notredite qualité, nous leur avons fait commandement de nous remettre leurs armes et
ferremens ; quatre d'entr'eux, que
l'obscurité nous a empêché de reconnaître, se sont évadés ; à l'instant les
six autres se sont mis en rébellion, en
nous menaçant de leurs haches et de
leurs fusils ; mais la gendarmerie les
ayant menacés de les mettre en joue
s'ils ne posaient à l'instant leurs fusils et ferremens, ils ont déclaré
être prêts à obéir, et ont déposé
ces armes et ferremens, consistant
en ..... que nous avons saisis et dont
nous nous sommes emparé pour en

être fait tel usage que de droit.
Nous leur avons fait commandement
de nous dire leurs noms, surnoms,
profession et demeure ; ce qu'ils ont
fait de la manière suivante : le premier a dit s'appeler .... le second, etc.
.... etc. Après quoi nous avons, en
leur présence, constaté les délits qu'ils
venaient de commettre, et reconnu....
Après cette opération, nous avons fait
conduire lesdits ..... dans une maison
voisine de ladite forêt, appartenant
à .... où nous avons passé le reste de
la nuit, et nous avons dressé le présent procès verbal, que nous avons
signé avec .... commandant de la troupe
de la gendarmerie, et .... chef de la
brigade forestière ; et en ayant donné
lecture aux délinquans, et leur ayant
proposé de le signer, ils ont déclaré
ne savoir signer.

Fait double, etc....

Et cejourd'hui .... du mois de .... à
la pointe du jour, nous garde général

susdit, avons, attendu le cas de flagrant délit, en exécution de l'art. 16
du code d'instruction criminelle, fait
conduire sous bonne et sûre garde les
nommés ..... arrêtés pendant la nuit
précédente, suivant notre procès verbal ci-dessus, devant M. le juge de
paix du canton de .... demeurant à ....
pour être par lui procédé contre lesdits
.... conformément à la loi.

Fait double, etc....

QUATORZIÈME FORMULE.

*Procès verbal dressé par un garde
royal, dans un bois de particulier.*

Le .... nous .... ayant été requis par
...... propriétaire, habitant de ......
de nous rendre dans le bois dit .....
situé dans la commune de .... à l'effet
de surprendre plusieurs individus qui
s'y introduisent ordinairement à l'entrée de la nuit pour y arracher des
plants de chêne ; faisant droit à cette
réquisition, conformément à la loi du

9 floréal an 11 .... nous nous sommes
transporté aujourd'hui ...... après le
coucher du soleil, dans la partie orien-
tale dudit bois, et à peine y sommes-
nous arrivé, étant revêtu de notre
bandoulière, que nous avons aperçu
près du ruisseau qui traverse ledit bois,
deux hommes armés de pioches, qui
rassemblaient environ cent brins de
chêne de l'âge de .... ayant ..... centimètres de tour, et qui venaient d'être
arrachés ; nous étant approché de ces
deux individus, nous avons reconnu
que l'un était ..... et l'autre .... qui
nous ont dit .... et après leur avoir reproché leur conduite nous avons saisi,
etc....

QUINZIÈME FORMULE.

Autre procès verbal dressé par un garde
royal, dans un bois particulier.

Le ..... nous ..... instruit par la voix
publique que le bois de .... situé dans
la commune de .... appartenant à ....

était journellement ravagé par des
troupeaux de bêtes à laine , et que ce
bois , de la contenance d'environ .....
n'était pas du nombre de ceux que la
loi permet de défricher , nous sommes
transporté d'office dans ledit bois où
étant arrivé dans le taillis de l'âge de ....
nous avons trouvé N .... berger de ....
qui y gardait à bâton planté un troupeau de moutons du nombre de .... etc,

Formule de l'affirmation des procès verbaux.

Les règlemens ne fixent point les
termes dans lesquels doit être rédigé
l'acte d'affirmation des procès verbaux,
ils ne prescrivent aucune forme qui
doive être rigoureusement observée ;
mais l'on peut adopter la formule suivante comme la plus propre à remplir
le vœu de la loi.

Cejourd'hui .... à .... heures du ma-
tin (ou après-midi.)

Pardevant nous , juge de paix du

canton de .... *ou* (maire *ou* adjoint du maire de la commune de .... en l'absence de ....)

S'est présenté ..... garde forestier royal (*ou* communal) du triage de .... qui nous a exhibé le présent procès verbal par lui dressé, et après la lecture que nous lui en avons faite, il a déclaré avec serment qu'il contenait la vérité, et a signé avec nous.

FIN.

TARIF pour la fixation des Amendes au pied le tour, appliqué aux mesures nouvelles, d'après l'article 1.er du titre XXXII de l'Ordonnance de 1669.

Distinction des Classes, suivant l'essence des Arbres.

1.re CLASSE.		2.e CLASSE.		3.e CLASSE.	
Chêne, Châtaignier, et arbre fruitier.		Saule, Hêtre, Orme, Tilleul, Sapin, Charme et Frène.		Toute autre espèce d'arbre vert, en étant, sec ou abattu.	
4 liv. le pied de tour.		50 s. le pied de tour.		30 sous le pied de tour.	
12 fr. 32 cent. par mètre de tour.		7 fr. 70 cent. par mètre de tour.		4 fr. 62 cent. par mètre de tour.	
FRACTIONS du MÈTRE.	AMENDES par fraction DU MÈTRE.	FRACTIONS du MÈTRE.	AMENDES par fraction DU MÈTRE.	FRACTIONS du MÈTRE.	AMENDES par fraction DU MÈTRE.
1 centimètres.	0 fr 12 c	1 centimètres.	0 fr 08 c	1 centimètres.	0 fr 05 c
2	0 25	2	0 15	2	0 09
3	0 37	3	0 23	3	0 14
4	0 50	4	0 31	4	0 18
5	0 62	5	0 39	5	0 23
6	0 74	6	0 46	6	0 28
7	0 86	7	0 54	7	0 32
8	0 99	8	0 62	8	0 37
9	1 11	9	0 69	9	0 42
1 décimètres.	1 fr 23 c	1 décimètres.	0 fr 77 c	1 décimètres.	0 fr 46 c
2	2 46	2	1 54	2	0 92
3	3 70	3	2 31	3	1 39
4	4 93	4	3 08	4	1 85
5	6 16	5	3 85	5	2 31
6	7 39	6	4 62	6	2 77
7	8 62	7	5 39	7	3 23
8	9 86	8	6 16	8	3 70
9	11 09	9	6 93	9	4 16
1 mètres.	12 fr 32 c	1 mètres.	7 fr 70 c	1 mètres.	4 fr 62 c
2	24 64	2	15 40	2	9 24
3	36 96	3	23 10	3	13 86
4	49 28	4	30 80	4	18 48
5	61 60	5	38 50	5	23 10

TABLE
ALPHABÉTIQUE
DES MATIÈRES.

———

A.

Actions. Principes sur les actions résultant des délits en général, Pag. 171
— résultant des délits forestiers, 172
— résultant des délits de chasse, 186
— résultant des délits de pêche, 188

Adjudicataires ne peuvent faire association secrète, ni empêcher, par voies indirectes, les enchères sur les bois mis en vente, 50. — Peines encourues, à raison des monopoles et complots dont ils se rendent coupables, *ibid.* — L'adjudicataire ne peut avoir plus de trois associés ; mode de leur nomination ; soumissions qu'ils sont tenus de faire, 51. — Les ventes ne pourront être changées en tout ou en partie après l'adjudication, *ibid.* — L'adjudicataire de bois de futaie est tenu d'avoir un marteau, pour marquer les bois qu'il vend sur pied, et un registre constatant ces ventes ;

plusieurs associés ne peuvent, en général, avoir qu'un marteau, 51. — Esception à cette règle, *ibid* — Les bois vendus doivent être coupés, et la traite doit en être faite dans les délais déterminés par le cahier des charges, sans que les officiers forestiers puissent accorder de prorogation de délai, 53. — Lorsque les adjudicataires sont obligés de demander quelque prorogation de délai, ils doivent se pourvoir de la manière indiquée par le cahier des charges, 54. — Règles à suivre pour l'exploitation des futaies, *ibid.* — Les arbres doivent être abattus de manière qu'ils tombent dans les ventes, sans endommager les arbres retenus, 55. — Les marchands ne peuvent faire abattre l'arbre sur lequel celui qui est tombé se trouve encroué, sans permission et sans qu'il ait été pourvu à l'indemnité due au gouvernement, *ibid.* — Les bois des cépées ne peuvent être coupés à la serpe ou à la scie, mais seulement à la cognée, *ibid.* — Les adjudicataires doivent faire couper, recéper et ravaler le plus près de terre que faire se pourra, toutes les souches et étocs de bois pillés et rabougris étant dans les ventes, 56. — Ne peuvent, les adjudicataires, retenir dans leurs ventes d'autres bois que ceux qui en proviennent, *ibid.*

— Il est défendu de faire travailler nuitamment, ni les jours de fêtes, dans les ventes en coupes, et d'y prendre et enlever du bois, 56. — Les adjudicataires demeurent responsables des délits qui se font à l'ouïe de la cognée, même par les usagers, si leurs facteurs ou gardes - ventes n'en font leur rapport, 57. — Mais avant l'exploitation, l'adjudicataire peut faire procéder à la reconnaissance des délits commis à l'ouïe de la cognée, 58. — Défenses de donner aux bûcherons du bois pour leurs salaires, et aux bûcherons et ouvriers d'en emporter, 59. — Défenses aux marchands de faire ouvrer le bois ailleurs que dans les ventes, 60. — Il est défendu de faire cendres dans les forêts sans permission, 61. — Règle à suivre pour la confection et le transport des cendres, *ibid.* — Les adjudicataires ne peuvent peler les bois de leurs ventes, étant debout et sur pied, 62. — Les arbres marqués pour le service de la marine doivent être conservés par les adjudicataires, *ibid.* — Ils sont tenus de mettre à part tout le bois de bourdaine de trois, quatre et cinq ans de recrue, pour le service de l'administration des poudres, 63. — Si par les procès verbaux de réarpentage, il se trouve de la surmesure

entre les pieds corniers , le marchand doit la
payer à proportion des prix et des charges
de sa vente ; et s'il s'en trouve moins , ce
qui manque doit lui être rabattu ou remboursé en argent , sans qu'il soit permis de
donner récompense en bois , ni de faire compensation en espèces , 64. — Condamnation
encourue par l'adjudicataire, en cas d'outre-
passe ou d'entreprise au-delà des pieds corniers, *ibid.* — Il ne peut être donné aucun
bois par forme de remplage , sous prétexte
de places vides et de chemins qui se sont
rencontrés dans la vente , 65. — L'adjudicataire qui ne représente pas les baliveaux ,
arbres de lisière , tournans et pieds corniers ,
est condamné aux mêmes peines que les
étrangers qui coupent les arbres en délits , 66.
— Aucune compensation ne peut être admise
pour la représentation des baliveaux , tant
de l'âge de la coupe , que de ceux réservés
dans les coupes précédentes , *ibid.* — Obligation imposée aux adjudicataires de se conformer au cahier des charges , 67. — Voyez
Arpenteurs , *Glandée*, *Officiers des chasses*,
Ventes ordinaires , *Ventes extraordinaires*.

ADJUDICATION. Voyez *Adjudicataires*.

ADMINISTRATEUR des domaines et forêts. Voyez
Officiers supérieurs.

ADMINISTRATEUR GÉNÉRAL des forêts de la Couronne. Voyez *Officiers supérieurs des eaux et forêts*.

ADMINISTRATION des poudres. Voyez *Bois de bourdaine*.

AFFIRMATION. Les procès verbaux doivent être affirmés par les gardes dans les vingt-quatre heures, 163. — L'affirmation est reçue par le juge de paix ; cas où elle peut être reçue par ses suppléans. Elle peut aussi être reçue par les maires, et à leur défaut, par leur adjoint, dans certains cas, 165. — Les gardes doivent s'abstenir, autant qu'il est possible, d'affirmer leurs procès verbaux devant un fonctionnaire public qui soit leur parent, 166. — Formule de l'affirmation des procès verbaux, 304. Voyez *Gardes généraux*.

AFFOUAGE consiste dans la faculté qu'ont certains usagers de se pourvoir dans une forêt du bois nécessaire à leur chauffage, 43. — Les usagers qui ont le droit de prendre le bois mort et sec, ne peuvent couper les arbres ayant seulement le houpier, ou quelques branches sèches, *Ibid*. — Ceux dont le droit consiste à enlever le bois sec et gissant, ne peuvent se servir d'aucune espèce de ferremens, même de crochets, 44.

AFFOUAGER ne peut faire trafic des bois qui lui ont été délivrés, 87.

AGENS FORESTIERS. Voyez *Officiers forestiers.*

AIRE D'OISEAUX. Voyez *Chasse.*

AMAS DE BOIS. Voyez *Ateliers*, *Gardes.*

AMENDES sont solidaires entre les complices, 3.
— Ne peuvent être au-dessous de la valeur
de trois journées de travail. Elles emportent
contrainte par corps, *Ibid.* — Sont doubles
lorsque les délits ont été commis depuis le
coucher, jusqu'au lever du soleil, par scie,
ou par feu, ou par les préposés de l'administration, ou les officiers des chasses, les
usagers et tous employés à l'exploitation des
forêts et des ateliers des bois en provenant,
15. Voyez *Peines*, *recouvremens.*

ANIMAUX NUISIBLES. Voyez *Chasse.*

APPEL. Peut être interjeté des jugemens de
police, lorsqu'ils prononcent un emprisonnement, ou lorsque les condamnations excèdent cinq francs. — Effet de l'appel, 229.
— Délai pour l'interjeter. — Il doit être
porté devant le tribunal de police correctionnelle, *ibid.* — Instruction des affaires d'appel, *ibid.* — Les jugemens de police
correctionnelle rendus par les tribunaux de
première instance, peuvent être attaqués
par la voie d'appel, 231. — Tribunaux et
cours de justice qui connaissent de ces appels, *ibid.* et suiv. — Personnes auxquelles
appartiennent

appartiennent la faculté d'appeler , 233. —
Délai dans lequel la déclaration d'appel doit
être faite , *ibid.* — Remise au greffe de la
requête , contenant les moyens d'appel , 235.
— Les officiers forestiers ne peuvent sans
autorisation , donner suite aux appels par
eux interjetés , 236. — Le ministère du
procureur général peut être invoqué par
les officiers forestiers , qui n'ont pas interjeté appel , *ibid.* — Effet de l'appel à l'égard
des prévenus qui sont détenus , 238. — L'appel est jugé à l'audience sur rapport , 239.
— Les parties y sont entendues : cas dans
lesquels la cour ou le tribunal d'appel prononce la peine , renvoie l'affaire devant le
fonctionnaire public compétent , ou annulle
le jugement en statuant sur le fond , 241 et
suiv. Voyez *Nullités.*

ARBRES. Différentes espèces d'arbres de délits ,
9. — L'amende ordinaire pour délits commis , depuis le lever jusqu'au coucher du
soleil , sans feu , sans scie , par personnes
privées , est , pour la première fois , de douze
francs trente-deux centimes , pour chaque
mètre de tour de chêne , et de tous autres arbres fruitiers ; de sept francs soixante - dix
centimes , pour chaque mètre de tour de

sáule, hêtre, orme, tilleul, sapin, charme
et frêne; de quatre francs soixante - deux
centimes, pour chaque mètre de tour, d'arbres de toute autre espèce; le tout pris à
cent soixante-deux millimètres (5 pieds)
de terre, 11. — Les mêmes amendes au
mètre de tour, doivent être prononcées contre ceux q u ont échoupé, ébranché et désho-
noré les arbres, 12. — Il est défendu à
toutes personnes de charmer ou brûler les
arbres et d'en enlever l'écorce, à peine de
punition corporelle, *ibid.* — Voyez *Amendes*, *Tarif.*

ARBRES de réserve. Pour étalons, baliveaux,
parois, arbres de lisières, l'amende est de
cinquante francs; elle est de cent francs pour
pied cornier marqué du marteau royal et
abattu, et de deux cents francs pour pied
cornier arraché et déplacé, 14. — L'amende, pour baliveaux de l'âge du taillis au-dessus de vingt-cinq ans, est néanmoins réduite
à dix francs, *ibid.* — Voyez *Amende.*

— des places communales, chemins, ravins,
cimetières et autres lieux appartenant aux
communes, hospices et autres établissemens
publics, ne peuvent être abattus sans une
autorisation de l'administration générale des

aucuns bois ni pâtis appartenant aux communes, à peine de 1000 fr. d'amende, de
confiscation et de prison, 82. — Peines contre toute personne qui aura allumé du feu
dans les champs plus près de quatre-vingt-
dix-sept mètres des bois et bruyères, appartenant aux communes et aux particuliers,
ibid. — Il est défendu de faire aucune coupe
au quart de réserve, à peine de mille francs
d'amende contre chaque contrevenant, 85.
— Peines contre les officiers forestiers qui le
souffriraient, *ibid*. — En cas d'incendie ou
ruine de quelques édifices publics, les communes peuvent se pourvoir pour obtenir l'autorisation de couper le quart de réserve, *ibid*.
— Manière dont les coupes doivent être exploitées et partagées, 86. — Elles ne peuvent avoir lieu que dans l'intérêt commun
de tous les habitans, 87. — Défense de distraire de leur destination les arbres marqués
dans les bois communaux pour le service de
la marine, 89. — Les confiscations prononcées à raison des délits commis dans les bois
communaux, appartiennent à l'état, *ibid*.
— Il en est de même des bois saisis, lorsque les auteurs des délits n'ont pu être reconnus, 90. — La chasse est défendue à toute
personne dans les bois communaux, 114.

Les maires sont autorisés à affermer le droit
de chasser dans ces bois, sous l'approbation
du préfet et du ministre de l'intérieur, *ibid.*
Voyez *Dégâts*, *Délits de chasse*, *Délits fo-*
restiers, *Gardes forestiers*, *Maraudage*,
Vol de bois.

Bois de bourdaine. Voyez *Adjudicataires.*

— défensables. Voyez *Pâturage.*

— de la légion-d'honneur. Voyez *Usufruitiers.*

— de particuliers. Les possessseurs de bois joignant les forêts royales à titre de propriété
ou d'usufruit, sont tenus de déclarer aux officiers forestiers le nombre et la qualité qu'ils
doivent en vendre chaque année, à peine
d'amende arbitraire et de confiscation, 32.

— Aucun bois ne peut être arraché ni défriché, que six mois après la déclaration
faite par le propriétaire devant le conservateur des forêts, 91. — L'administration
peut, dans ce délai, faire mettre opposition au
défrichement; il y est statué par le gouvernement, 92. — En cas de contravention, le
propriétaire est condamné à remettre une
égale quantité de terrain en nature de bois,
et à l'amende, 93. — L'obligation du repeuplement est d'ordre public et obligatoire dans
tous les temps, *ibid.* — Faute par le propriétaire d'effectuer la plantation dans le dé-

lai fixé par le conservateur, il y est pourvu
à ses frais, 93. — Quels sont les bois, semis et plantations qui sont exceptés de ces
dispositions, 94. — Le martelage pour le
service de la marine a lieu dans les bois des
particuliers, taillis, futaies, avenues, lisières, parcs, et sur les arbres épars, 95. —
Tout propriétaire de futaie est tenu de faire,
six mois d'avance, devant le conservateur,
la déclaration des coupes qu'il est dans l'intention d'exploiter, 96. — Peines contre les
contrevenans, 98. — Les délits commis par
autrui, dans les bois des particuliers, sont
punis des mêmes peines que ceux qui se
commettent dans les forêts royales, 99. Il
n'y a d'exception que pour les délits de maraudage, vol et enlèvement de bois dans les
taillis et futaies, et pour les dégâts faits par
les troupeaux et bestiaux dans les taillis, 100.
— Quels sont les bois de particuliers où l'on
ne peut introduire les chèvres et bêtes à
laine, même avec le consentement du propriétaire, ibid. — Les propriétaires ou possesseurs peuvent chasser ou faire chasser dans
leurs bois et forêts en tout temps; mais ne
peuvent s'y servir de chiens courans, dans
la saison où les terres et vignes sont couvertes de leurs fruits, 115. — Peines contre
14*

toutes personnes qui , sans autorisation suffisante , chassent dans les bois appartenant
aux particuliers , 115. — Voyez *Bois communaux* , *Dégâts* , *Délits de chasse* , *Délits
forestiers* , *Gardes forestiers* , *Pâturages* ,
Vol de bois.

Bois des Sénatoreries. Voyez *Usufruitiers.*

— enlevé. Pour chaque charretée de merrain ,
bois carré , de sciage ou de charpenterie ,
l'amende est de quatre-vingts francs , 13. —
Pour la charretée de bois de chauffage , de
quinze francs , *ibid.* — Pour la charge de
cheval ou bourrique , de quatre francs , 17.
et d'un franc pour le fagot ou la fouée , *ibid.*

Bois mort et sec. Voyez *Affouage.*

— sec et gisant. Voyez *Affouage.*

— tenus à titre de concession, sont soumis au
régime forestier , 101. Voyez *Concessionnaires.*

— tenus à titre d'engagement , sont soumis au
régime forestier , *ibid.* Voyez *Concessionnaires.*

— tenus à titre d'usufruit , sont soumis au régime forestier. *ibid.* Voyez *Concessionnaires.*

— tenus en grairie. Voyez *Bois tenus en gruerie.*

— tenus en gruerie , et Grairie , tiers danger ,
et par indivis , sont régis par l'administration
générale des domaines et forêts , comme les

forêts royales , 105. — Peines encourues par les auteurs des usurpations et défrichemens entrepris sur ces bois, sans autorisation du gouvernement , 106. — Les amendes et con-fiscations adjugées pour ces bois, appartiennent à l'état, *ibid.* — Mais les possesseurs ont la même part aux restitutions et dommages-intérêts , qu'ils ont droit d'avoir aux ventes, *ibid.* — Les ventes ordinaires sont faites par autorisation de l'administration générale des domaines et forêts , *ibid.* — Les coupes extraordinaires ne peuvent être faites qu'en vertu d'une ordonnance du Roi , *ibid.* — Peines contre les contrevénans , 107.

Bois tenus en tiers et danger. Voyez *Bois tenus en gruerie.*

— tenus par indivis. Voy. *Bois tenus en gruerie.*

Bouqueteaux. Voy. *Fruits sauvages, Herbages.*

Bornes. Voyez *Gardes.*

Bourdaine. Voyez *Bois de bourdaine.*

Bourrique. Voy. *Bois enlevé, Fruits sauvages.*

Brandons. Voyez *Pêche.*

Brebis. Voyez *Bestiaux, Bêtes à laine, Pâturage.*

Brigades *de la gendarmerie.* Doivent prêter main-forte lorsqu'elle est légalement deman-dée par les administrateurs et officiers fo-restiers, dans les cas où les gardes ne sont

pas en force suffisante pour arrêter les délinquans, 151.

BRUYÈRES. Voyez *Bois communaux*, *Feu*, *Pâturage*.

BUCHERONS. Voyez *Adjudicataires*.

BUISSONS. Voyez *Chasse*; *Fruits sauvages*,
Herbages, *Riverains*.

C.

CABARETS. Voyez *Gardes*.

CANAUX. Voyez *Gardes forestiers*.

CARENCE. Voyez *Exploit de Carence*.

CARRIÈRES. Nul ne peut faire ouverture de car-
rière dans l'étendue et aux reins des forêts,
sans permission expresse du gouvernement,
à peine de mille francs d'amende, 9. —
Après cette autorisation, les carrières ne
peuvent être ouvertes et exploitées que d'accord avec les ingénieurs des ponts et chaussées et les officiers forestiers, *ibid*.

CASSATION. On peut se pourvoir en cassation
contre les jugemens rendus en dernier ressort par les tribunaux de police, 245. — On
peut aussi se pourvoir en cassation contre les
jugemens rendus par le tribunal correctionnel sur l'appel des jugemens de police, et
contre les jugemens rendus, sur l'appel des
jugemens des tribunaux de première instance,

en matière de police correctionnelle, 246.

Le recours en cassation peut être exercé par les officiers forestiers. — Pièces qu'ils doivent envoyer à l'administration, pour la mettre à même de prendre leur fait et cause, 247. — Ce recours ne peut avoir lieu qu'après l'arrêt ou le jugement définitif, *ibid.* — Dans quelles formes doit être faite la déclaration de pourvoi, 248. — Notification doit être faite de cette déclaration, 249. — Expédition de l'arrêt, à joindre aux pièces. 250. — Amende à consigner ; personnes exemptes de cette consignation, *ibid.* — Cas dans lesquels les prévenus, condamnés à une peine emportant privation de la liberté, sont admis à se pourvoir en cassation. 251. — Envoi de la requête contenant moyens de cassation et autres pièces, à la cour de cassation, 253. — Délais dans lesquels cette cour doit prononcer, 254. — Elle rejette la demande ou annulle l'arrêt. Amendes et indemnités dues par la partie civile qui succombe dans son recours, 255. — Restitution de l'amende consignée en cas d'annullation de l'arrêt, 256. — Lorsque la demande en cassation a été rejetée, on ne peut plus, sous aucun prétexte, se pourvoir contre le même arrêt ou jugement, *ibid.* — Envoi de l'arrêt qui

a rejeté la demande en cassation, 256. —
Manière de procéder, lorsqu'après une première cassation le second arrêt ou jugement
sur le fond est attaqué par les mêmes moyens,
257. — Cas où, sur l'exhibition d'un ordre
formel du ministre de la justice, des actes
judiciaires peuvent être annullés, et les
officiers de police, ou les juges poursuivis,
ibid. — Le procureur général près la cour
de cassation peut d'office, et nonobstant
l'expiration du délai, demander la cassation
des arrêts ou jugemens rendus en dernier
ressort, contre lesquels aucune des parties
n'a réclamé, 258. — Envoi de l'arrêt de la
cour de cassation qui annulle un arrêt émané
d'une cour de justice criminelle, *ibid.*

Cendres. Voyez *Adjudicataires.*

Cercles. Voyez *Ateliers.*

Cerfs. Voyez *Chasse.*

Certificats d'indigence. Lorsqu'un condamné
est dans l'impossibilité de payer, il peut lui
être délivré un certificat par le garde général, à la charge de le faire viser par le maire
ou l'adjoint de sa commune, qui en est responsable, 265. — Ces certificats n'ont pour
but que d'éviter des frais au trésor public,
266.

Chablis. Les officiers forestiers doivent veiller

à la conservation des chablis , empêcher qu'ils ne soient pris , enlevés ou ébranchés par les usagers et autres ; et en cas qu'il s'en trouve de coupés par tronc , ou ébranchés , ils poursuivent contre les délinquans les condamnations au mètre de tour , 76. — Les officiers forestiers doivent reconnaître les chablis désignés par les procès verbaux des gardes , et les marquer du marteau royal , *ibid.*

CHANVRE. Voyez *Pêche.*

CHARBONNIERS. Voyez *Marchands ventiers.*

CHARMÉ. Voyez *Arbres.*

CHARRETTE. Voyez *Bois communaux.*

CHARRETÉE de bois de délits. Voy. *Bois enlevés.*

CHARRETIERS. Voyez *Marchands ventiers, responsabilité.*

CHASSE. Abolition du droit exclusif de la chasse , 107. —— Défenses à toutes personnes de chasser sur le terrain d'autrui sans son consentement, 108. — Il est défendu de prendre , en tous lieux , les œufs de cailles , de perdrix et faisans , *ibid.* — Peines contre les tendeurs de lacs, tirasses, etc. , *ibid.* — Défenses à toutes personnes de porter des fusils et pistolets à vent , et autres armes offensives cachées et secrètes , 109. — La chasse aux chiens couchans en tout lieu est interdite , *ibid.* — Les armes avec lesquelles

la contravention a été faite, sont, dans tous les
cas, confisquées, 109. — Mais les gardes ne
peuvent désarmer les chasseurs, 110. — Les
pères et mères sont civilement responsables
de leurs enfans mineurs, *ibid.* — Si les délinquans sont déguisés ou masqués, s'ils son
sans domicile, ils sont arrêtés sur-le-champ,
ibid.

— Dans les forêts royales est interdite à toutes
personnes sans distinction, 110. — Les corps
administratifs pouvaient permettre à certains
particuliers de chasser aux animaux nuisibles ; maintenant la surveillance et la police
des chasses dans les forêts sont dans les attributions du grand-veneur de la couronne, 111.
— La louveterie fait partie de ces attributions, *ibid.* — Les officiers forestiers reçoivent
les ordres du grand-veneur, pour tout ce
qui a rapport à la chasse et à la louveterie,
ibid. — Les permissions de chasse sont accordées par le grand-veneur, *ibid.* — Il est
défendu à toute personne, non munie d'une
permission, de chasser ou d'entrer de nuit
dans les forêts royales, avec armes à feu,
à peine de cent francs d'amende, 113. —
Il est défendu à qui que ce soit, de prendre
dans les forêts royales, garennes, buissons,
plaisirs, aucuns aires d'oiseaux, à peine de

cent francs d'amende pour la première fois,
et du double pour la seconde, 94. — Les
officiers des chasses et les officiers forestiers
sont tenus de faire renverser les terriers de
lapins qui se trouvent dans les forêts royales, *ibid.* — Il est défendu à qui que ce soit
de tirer dans les forêts et bois royaux les
cerfs et biches, à peine de deux cent cinquante francs d'amende, 114. — Peines encourues par ceux qui chassent sans avoir le
port d'armes, 118. — Les délits de chasse
commis par les militaires, sont de la compétence des tribunaux de police correctionnelle, *ibid.* Voyez *Bois communaux*, *Bois
de particuliers*, *Délits de chasse*, *gardes
forestiers*, *Procès verbaux*.

CHATEAUX. Voyez *Riverains*.

CHAUFFAGE. Voyez *Affouage*.

CHAUX. Il est défendu à toute personne de faire
de la chaux à 714 mètres de distance des
forêts royales, et aux officiers forestiers de
le souffrir, à peine de cinq cents francs
d'amende et de confiscation, 32.

CHEFS de famille. Voyez *Bestiaux*.

CHEMINS. Voyez *Adjudicataires*, *Arbres*, *Pâturage*, *Routes*.

CHEVAL. Voyez *Bestiaux*, *Bois enlevé*, *Dégats*,
Fruits sauvages.

Chèvres. Voyez *Dégâts*, *Pâturages*.

Chiens couchans. Voyez *Chasse*.

Chiens courans. Voyez *Bois de particuliers*.

Cimetières. Voyez *Arbres*.

Citations. Peuvent être faites les jours fériés. Voyez *Tribunaux*.

Cochons. Voyez *Dégâts*, *Glandée*, *Panage*.

Cognée. Voyez *Adjudicataires*, *Routes*.

Commandement. Voyez *Contrainte par corps*.

Commerce de bois. Voyez *Ateliers*, *Gardes*.

Commis. Voyez *Responsabilité*.

Commissaires de police. § Ces fonctionnaires publics, ainsi que les maires et leurs adjoints, requis par un garde, ne peuvent se refuser de l'accompagner sur-le-champ dans sa perquisition, à peine de destitution, et de demeurer responsables du dommage souffert. Ils sont tenus en outre de signer le procès verbal de perquisition, 160. Voyez *Perquisition*, *Procès verbaux*, *Officiers de police judiciaire*, *Tribunaux de police*.

Comparution. Voyez *Tribunaux de police*.

Compétence. Voyez *Tribunaux*.

Complots. Voyez *Adjudicataires*.

Complices. Voyez *Amendes*, *Peines*.

Conducteurs. Voyez *Bestiaux*.

Concessionnaires, Engagistes et Usufruitiers peuvent vendre de gré-à-gré les bois dont

les lois leur donnent la jouissance , 102. —
Mais aucun fermier ou marchand ne peut
s'immiscer dans les coupes qu'en vertu d'assiettes , martelages et délivrances faites par
les officiers forestiers , *ibid.* — Ne peuvent
les mêmes concessionnaires , engagistes ou
usufruitiers , disposer d'aucune futaie , des
baliveaux ni chablis , arbres de délits ,
amendes , restitutions et confiscations en provenant , *ibid.* Il leur est défendu de couper
aucun arbre futaie ni baliveaux pour l'entretien des bâtimens , qu'en vertu d'une ordonnance , 104.

Confiscation. Outre la restitution et les dommages - intérêts , il y a toujours confiscation
des chevaux , bourriques et harnois qui se
trouvent chargés de bois de délits , et des
scies , haches, serpes, cognées et autres outils
dont les coupables sont trouvés saisis , 18.
Voyez *Bois communaux.*

Connivence. Voyez *Arpenteurs.*

Conservateur des forêts. Voyez *Bois de particuliers , Garde , Officiers supérieurs des
forêts.*

Contrainte. Voyez *Recouvrement.*

Contrainte par corps. Le défaut de paiement
des amendes et dédommagemens ou indemnités n'entraîne la contrainte par corps que

vingt-quatre heures après le commandement, 266. Voyez *Emprisonnement.*

Coupes extraordinaires. Voyez *Ventes extraordinaires.*

— ordinaires. Voyez *Bois communaux, Ventes ordinaires.*

Cour de cassation. Voyez *Appel, Jugement.*

— de justice criminelle. Voyez *Appel, Cassation.*

Crochets. Voyez *Chauffage.*

D.

Déclaration. Voyez *Bois de particuliers.*

Déclaration de faux contre un procès verbal ne suffit pas pour faire surseoir au jugement du délit, 154.

Dédommagement. Voyez *Dégâts, Maraudage, Vol de bois.*

Défaut. Si la personne citée devant un tribunal ne comparaît pas, elle doit être jugée par défaut. — On peut se pourvoir par opposition contre les jugemens rendus par défaut soit en matière de police, soit en matière correctionnelle. — Effets de l'opposition, 216 et suiv.

Les jugemens rendus par défaut sur l'appel, peuvent aussi être attaqués par la voie de l'opposition, 238.

Défrichemens. Sont défendus dans les bois royaux, sous peine de privation de tous droits dans ces bois, d'amende arbitraire, de rétablir les lieux en leur premier état, de tous dépens et dommages-intérêts, 17. Voyez *Bois communaux*, *Bois tenus en gruerie*, *Délits forestiers*.

Dégats, faits dans les bois taillis des particuliers ou des communautés, par les bestiaux ou troupeaux, sont punis d'amende, savoir : pour bête à laine un franc, pour cochon un franc, pour une chèvre deux francs, pour un cheval ou autre bête de somme deux francs, pour un bœuf, une vache ou un veau, trois francs, 84. — Circonstances qui font porter les amendes au double, au triple, au quadruple, *ibid.* — Le dédommagement dû au propriétaire est estimé de gré à gré, ou à dire d'experts, *ibid.*

Délais pour la poursuite des délits, différent, suivant diverses circonstances, 174 et suiv. Voyez *Délits.*

Délits. Il n'est question dans cet ouvrage que de délits forestiers, de chasse et de pêche proprement dits, 6.

— de chasse dans les bois communaux, des hospices et autres établisssemens publics, sont poursuivis par les administrateurs légaux ;

et en cas de négligence de leur part, par les officiers forestiers, 187. — Si la chasse est affermée, la poursuite des délits n'appartient qu'au fermier ou à la partie publique, 188.

Délits dans les bois des particuliers, sont poursuivis par les propriétaires de ces bois dans le délai d'un mois, 185.

— de pêche commis par les fermiers et porteurs de licences, et ceux commis sur les rivières non navigables, par les propriétaires riverains, sont poursuivis par les officiers forestiers, 189. — Les personnes ayant droit de pêche doivent poursuivre quiconque les trouble dans l'exercice de ce droit; mais les officiers forestiers peuvent y suppléer, 190.

— forestiers dans les bois communaux, sont poursuivis par les mêmes fonctionnaires publics, de la même manière et dans les mêmes délais que les délits commis dans les forêts royales, 176. — Il en est de même des délits commis dans les bois appartenant aux hospices et autres établissemens publics, 179. —Cas où les maires, adjoints et autres administrateurs légaux sont fondés à poursuivre l'action civile contre les délinquans, 183.

Délits dans les bois des particuliers, commis

par les propriétaires, pour cause de défrichemens et de coupe de futaie, sont poursuivis par les officiers forestiers, 183. — Ces
poursuites sont faites dans les mêmes délais
que pour les forêts royales, 184. — La répression des contraventions aux règles établies sur l'exercice du droit de parcours ou
pâturage dans les bois de particuliers, n'appartient point par action principale aux officiers forestiers, *ibid.* — Fonctionnaires publics auxquels les particuliers peuvent transmettre les procès verbaux de délits commis
dans leurs bois, pour servir de dénonciation
civique, 185. — Les propriétaires peuvent
intenter l'action civile contre les auteurs des
délits de maraudage, vol et pâturage commis
dans leurs bois, sauf au procureur du Roi
à prendre ses conclusions pour la vindicte
publique, *ibid.* — Dans ce cas, le propriétaire doit intenter les poursuites dans le déla i
d'un mois, *ibid.* — Les particuliers qui ont
fait leur dénonciation civique, peuvent ensuite intervenir comme partie civile, pour
obtenir leurs dommages-intérêts, 186.

— dans les forêts royales, sont poursuivis au
nom de M. le conseiller d'état, directeur
général de l'enregîtrement, et des domaines
et forêts, par les officiers forestiers, 173.

— Délais dans lesquels les poursuites doivent être intentées, 174. Voyez *Tribunaux*, *Chasse*.

DÉNONCIATION CIVIQUE. Voyez *Procès verbaux*.

DÉPENS, donnent lieu à la contrainte par corps, 3. Voyez *Frais*.

DÉTENTION. Voyez *Insolvabilité*, *Maraudage*, *Vol de bois*.

DIRECTEUR DES DOMAINES ET FORÊTS. Voyez *Emprisonnement*, *Jugemens*.

— général de l'enregîtrement, et des domaines et forêts. Voyez *Officiers supérieurs des eaux et forêts*.

DOMESTIQUES. Voyez *Responsabilité*.

DOMMAGES-INTÉRÊTS. Emportent contrainte par corps, 3. Voyez *Recouvrement, Restitution*.

E.

ECORCE. Voyez *Adjudicataires*.

EMPRISONNEMENT. Ne peut être moindre de trois jours, 3. — N'excède jamais l'espace de deux ans, 4. — Est la même chose que la peine corporelle prononcée par l'ordonnance, *ibid.* — Cette peine doit être infligée et fixée jusqu'à deux ans, chaque fois qu'il s'agit d'un délit qui, d'après l'ordonnance,

serait

serait puni du fouet, du carcan ou des ga‑
lères, 5. — Si le condamné est solvable,
son emprisonnement, à défaut de paiement,
est effectué sur la poursuite du directeur
des domaines, au nom du procureur du Roi,
266. — L'emprisonnement, à défaut de paie‑
ment d'une personne solvable, est prolongé
jusqu'à ce qu'elle se soit acquittée, 267. Voyez
Peine, *Procureur du Roi*.

ENGAGISTE. Voyez *Concessionnaire*.

ENGINS. Voyez *Pêche*.

ENLÈVEMENT de bois. Voyez *Maraudage*.

ENREGÎTREMENT des procès verbaux doit avoir
lieu dans le délai de quatre jours, à peine
de nullité. Peines contre les gardes qui n'ont
pas fait enregîtrer leurs procès verbaux dans
ce délai, 167. — Les procès verbaux des
gardes royaux et communaux s'enregîtrent
en debet, 168.

EPAVES. Voyez *Pêche*.

ETABLISSEMENS publics. Voyez *Arbres*, *Bois
communaux*, *Délits de chasse*, *Délits fo‑
restiers*, *Feu*, *Pâturage*.

ETALONS. Voyez *Arbre*.

ETANGS. Voyez *Pêche*.

ETATS des procès verbaux, jugemens et con‑
damnations, sont fournis chaque trimestre
à l'administration, 274.

15

ÉTIQUETTES. Voyez *Adjudicataires.*

ÉTOCS. Voyez *Adjudicataires.*

EXPÉDITIONS. Les officiers forestiers ne doivent lever au greffe que les expéditions évidemment indispensables, 273.

EXPLOITS de carence. Voyez *insolvabilité.*

F.

FAGOTS. Voyez *Bois enlevé.*

FAÎNES. Voyez *Fruits sauvages , Glandée, Panage.*

FAIX à col. Voyez *Fruits sauvages.*

FAUX. Voyez *Marteau.*

FERMIERS. Voyez *Bestiaux, Responsabilité.*

FEU. Il est défendu d'allumer du feu dans les forêts , landes et bruyères , à peine de punition corporelle et d'amende arbitraire , outre la réparation des dommages , 19. — Il est également défendu sous les mêmes peines d'allumer du feu plus près de 970 mètres des forêts , landes et bruyères , 20.

FEUILLES. Leur enlèvement est compris dans la prohibition de l'ordonnance , 24.

FLAGRANT DÉLIT. Voyez *Gendarmes , Officiers supérieurs des eaux et forêts.*

FORGES. Voyez *Officiers forestiers.*

FORMULES *de procès verbaux de délits* , 276.

FOSSÉS. Voyez *Gardes , Pâturages , Riverains,*

Fosses à charbon. Voyez *Adjudicataires*.

Fouée. Voyez *Bois enlevé*.

Frais. La partie qui succombe est condamnée aux frais par le tribunal de police, même envers la partie publique, 220. — Les dépens sont liquidés par le jugement, *ibid*. — Il en est de même en matière correctionnelle, 222.

Les receveurs de l'enregîtrement sont chargés de rembourser les frais faits pour la poursuite des délits forestiers, ainsi que ceux qui sont adjugés contre l'administration, 270.

Frais de séquestre. Voyez *Juges de paix*.

Frêne. Voyez *Arbres*.

Fruits sauvages. Toutes personnes amassant de jour des glands ou faînes, et les emportant des forêts, boqueteaux, garennes et buissons, sont condamnées pour la première fois à l'amende, savoir : pour faix à col, de 5 francs, et pour harnais, de 40 francs ; au double pour la seconde fois, et en tous cas à la confiscation des chevaux, bourriques et harnais qui se trouvent chargés, 22.

G.

Gardes forestiers de toute espèce, sont responsables de toutes négligences, contraventions et malversations, 69. — Ils sont tenus des indemnités et amendes encourues par les dé-

linquans , lorsqu'ils n'ont pas duement constaté les délits , 69. — Ils doivent faire , de
trois mois en trois mois , un rapport sur les
bornes , haies et fossés étant à leur garde, 70.
— Ils ne peuvent faire commerce de bois ,
tenir ateliers ou amas en leurs.maisons ,
prendre vente ou s'associer avec les marchands , tenir cabarets ou hôtelleries , ni
boire avec les délinquans , 70. — Doivent
dresser procès verbal des arbres abattus , arrachés ou rompus , et en envoyer expédition
dans trois jours aux officiers forestiers , 71.
— Il leur est expressément défendu d'abuser
de leurs armes pour tirer aucun gibier,
ibid. Voyez *Flagrant délit.* Peuvent faire
tous exploits relatifs aux eaux et forêts , 199.

GARDES GÉNÉRAUX. Ne sont point tenus d'affirmer les procès verbaux de délits , 163.

GARDES ROYAUX sont, en leur qualité d'officiers
de police judiciaire , sous la surveillance du
procureur du Roi , 133. — Mode de leur
nomination et de leur réception , *ibid.* —
Doivent constater les délits commis dans d'autres bois que ceux dont la garde leur est
confiée , lorsqu'ils en sont requis par le propriétaire , 134. — Sont chargés de constater
les délits de chasse dans les forêts royales,
135. — Peuvent constater certains délits de

pâturage dans les bois des particuliers sans en avoir été requis, 135. — Peuvent aussi dresser procès verbal des délits de pêche de toute espèce, sauf la concurrence avec les gardes-pêche, 136. — Il en est de même des détériorations commises sur les arbres des grandes routes et des canaux ; mais les procès verbaux de ce genre doivent être remis au sous-préfet de l'arrondissement, 136. — Les actes dans lesquels les gardes remplacent les huissiers sont taxés comme ceux faits par les huissiers des juges de paix, 199. — Taxe desdits actes, ibid.

Gardes des communes, hospices et autres établissemens publics. Mode de leur nomination et de leur réception, 137. — Ils sont chargés de constater les délits commis dans d'autres bois que ceux qui leur sont confiés, lorsqu'ils en sont requis par le propriétaire, 138. — Quels sont les délits de chasse et de pêche dont ils peuvent dresser procès verbal, ibid. — Ils peuvent aussi exercer leur surveillance sur les plantations des canaux et des grandes routes, 140.

— des particuliers. Mode de leur nomination et de leur réception, ibid. — Constatent les délits forestiers et de chasse commis dans les bois auxquels ils sont attachés, et les délits de pêche dans les parties de rivières non navigables auxquelles ces bois aboutissent, 140. — Voyez *Procès verbaux*.

GARDES PÊCHE. Ils sont de deux sortes : les uns nommés par l'administration générale des eaux et forêts, et de la même manière que les gardes forestiers royaux ; les autres, établis par les fermiers de la pêche, à la charge d'obtenir l'approbation du conservateur, 141. — Ceux qui sont nommés par l'administration doivent constater dans leur cantonnement toutes les contraventions aux lois rendues sur la pêche, *ibid*. — Les gardes nommés par les fermiers doivent dresser procès verbal contre toutes personnes qui, sans en avoir le droit, pêchent dans les parties de rivières navigables, pour lesquelles ils sont préposés. Ils doivent aussi veiller sur tout ce qu'on entreprend pour fait de pêche sur les rivières non navigables et ruisseaux affluens, 142.

GARDES-VENTES. Voyez *Marchands ventiers*.

GARENNES. Voyez *Chasse, Fruits sauvages, Herbages*.

GENDARMES. Doivent saisir les dévastateurs de bois lorsqu'ils sont pris sur le fait, 151. — Voyez *Brigades de la gendarmerie, Saisie*.

GLANDÉE. L'adjudicataire doit souffrir les porcs des usagers, 23. — Temps où la glandée

est ouverte , 23. — Le nombre de porcs
qu'y peuvent envoyer les adjudicataires et
les usagers est déterminé , *ibid* — Les porcs
envoyés en glandée doivent être marqués au
feu , *ibid*. — Il est défendu à toutes personnes , autres que les usagers et leur ayant-
cause , d'envoyer leurs porcs en glandée dans
les forêts royales , à peine de cent francs
d'amende et de confiscation , *ibid*. — Il est
défendu aux usagers d'abattre la glandée , les
faines et autres fruits des arbres , de les ramasser ni emporter , 47.

GLANDS. Voyez *Fruits sauvages* , *Panage*.

GRAIRIE. Voyez *Bois tenus en grairie*.

GRANDES ROUTES. Voyez *Gardes forestiers*.

GRAND-VENEUR. Voyez *Chasse*.

GREFFIERS , pour les expéditions , copies et extraits qu'ils sont dans le cas de délivrer ,
forment des mémoires à la fin de chaque
mois ou de chaque trimestre , 270. — Formalités dont doivent être revêtus ces mémoires , *ibid*.

GRUERIE. Voyez *Bois tenus en gruerie*.

H.

HAIES. Voyez *Gardes forestiers*.

HARNAIS. Voyez *Fruits sauvages* , *Pêche*.

HERBAGES. Raisons pour lesquelles ils doivent

être conservés dans les forêts, 27. — Tous
particuliers coupant ou amassant de jour des
herbages de telle nature et âge que ce soit,
et les emportant des forêts, boqueteaux,
garennes et buissons, sont condamnés aux
mêmes amendes que ceux qui amassent et
emportent les glands et faînes, *ibid.* Voyez
Fruits sauvages.

Hêtre. Voyez *Arbres.*

Hospices. Leurs administrateurs et ceux des
autres établissemens publics ne peuvent rien
entreprendre au-delà des coupes ordinaires
ou réglées, sans une autorisation du gouvernement, à peine d'amende arbitraire
et de restitution du quadrupe, 87. Voyez
*Arbres, Bois communaux, Établissemens
publics, Feu.*

Hôtellerie. Voyez *Gardes.*

Huissiers. Les officiers forestiers sont autorisés
à continuer d'employer le ministère des huissiers pour les citations et significations, 233.
— Frais de voyage alloués aux huissiers, *ibid.*
Voyez *Bestiaux, Saisie, Tribunaux.*

I.

Incendie commis dans les forêts ou bois taillis, par malice ou vengeance, et à dessein
de nuire à autrui, est puni de mort, 29. —

Les officiers forestiers sont tenus de faire la dénonciation officielle de tels crimes, lorsqu'ils en ont acquis la connaissance, 29. Voyez *Feu*, *Usagers*.

INSCRIPTION de faux ne donne lieu au sursis du jugement, que lorsque les moyens ont été déclarés admissibles, 154. Voyez *Procès verbaux*.

INSOLVABILITÉ. Si le condamné justifie de son insolvabilité, il peut après six mois d'incarcération obtenir son élargissement, 267. — Dans les cas graves, où la détention est jointe à l'amende, la détention, à l'égard des insolvables, peut être prolongée du quart du temps prescrit par la loi, 268. Voyez *Emprisonnement*.

J.

JUGEMENS correctionnels, sont exécutoires dans tout le royaume, sans *visa* ni *pareatis*. — Sont exécutés à la diligence du procureur du Roi, 260. — Néanmoins les poursuites pour le recouvrement des amendes, confiscations et frais, sont faites au nom du procureur du Roi, par les receveurs de l'enregistrement, *ibid.* — Remise de l'extrait des jugemens de condamnation par les greffiers au receveur

15*

de l'enregltrement, 261. Voyez *Frais, Re-couvrement, Tribunaux.*

JUGEMENS DE POLICE. Leur exécution, 259.

JUGES DE PAIX. Peuvent donner main - levée provisoire des bestiaux, instrumens, voitures et attelages séquestrés par les gardes dans leur territoire, en exigeant bonne et suffisante caution, et en faisant satisfaire aux frais de séquestre, 194. — Si les bestiaux saisis ne sont pas réclamés dans les trois jours de la séquestration, lesdits juges en ordonnent la vente à l'enchère, *ibid.* — Voyez *Affirmation, Officiers de police judiciaire, Procès verbaux.*

L.

LANDES. Voyez *Feu, Pâturage.*

LAYES. Voyez *Arpenteurs.*

LICENCE. Voyez *Pêche.*

LIN. Voyez *Pêche.*

LISIÈRES. Voyez *Bois de particuliers.*

LOCATAIRES. Voyez *Bestiaux.*

LOUYETERIE. Fait partie des attributions du grand-veneur de la couronne, 111.

M.

MAIN-FORTE. Peut être requise par tout officier de police judiciaire, 150. Voyez *Brigadier de la gendarmerie.*

MAIRES ET ADJOINTS. Voyez *Affirmation*, *Bois communaux*, *Commissaires de police*, *Officiers de police judiciaire*, *Procès verbaux*.

MAISONS. Voyez *Ateliers*, *Riverains*.

MAISONS *bâties sur perches*, à deux kilomètres des forêts, doivent être démolies, 32.

MARAUDAGE, ou enlèvement de bois fait à dos d'hommes dans les bois taillis et futaie ou autres plantations d'arbres de particuliers ou communautés, est puni d'une amende double du dédommagement dû au propriétaire. La peine de détention peut être de trois mois, 83. Voyez *Délits forestiers*.

MARCHANDS VENTIERS. Voyez *Adjudicataires*.

MARINE. Voyez *Arbres de marine*.

MARNE. Voyez *Sable*.

MARONAGE. Est le droit de se faire délivrer dans une forêt les arbres nécessaires à la construction et aux réparations des bâtimens, 43. — Ceux qui ont ce droit ne peuvent prendre aucun arbre qu'après la délivrance faite par les officiers forestiers, 44. — Les délivrances n'ont lieu qu'après que les réparations ont été jugées nécessaires, *ibid.* — Quels que soient les droits des usagers, ils peuvent toujours être restreints, suivant l'état et la possibilité de la forêt, 47. — Les arbres sont délivrés au maire de la commune,

qui n'en fait la distribution qu'après l'exploitation , 47. — L'exploitation est faite
pär des commissaires responsables des malversations, 46. — Les usagers ne peuvent
disposer des bois à eux délivrés que pour leurs
besoins , *ibid.* — Aucune délivrance ne peut
être faite aux usagers, qu'après qu'ils ont
justifié de l'emploi des arbres à eux précédemment délivrés , *ibid.* — Les usagers ne
peuvent donner aucune partie de bois à eux
délivrés , en paiement aux propriétaires des
scieries , pour la refente desdits bois , 47.

Marque. Voyez *Marteau.*

Marteau. Cas où l'enlèvement de l'empreinte
du marteau sur les arbres de réserve constitue
le crime de faux, 68. Les crimes de cette
espèce sont de la compétence des cours
spéciales , 69.

Martinets. Voyez *Officiers forestiers.*

Mètre de tour. Voyez *Arbres ,* et le tarif qui
précède cette table.

Militaires. Voyez *Délits de chasse.*

Moins de mesure. Voyez *Adjudicataires.*

Monopole. Voyez *Adjudicataires.*

Moulins a scie. Voyez *Officiers forestiers.*

Moutons. Voyez *Bestiaux , Pâturage.*

N.

NULLITÉS relatives aux exploits de citation doivent être proposées *in limine litis*, 202. Voyez *Procès.verbaux.*

NULLITÉS de l'instruction et du jugement. Différentes sortes de nullités ; leur effets , 242 et suiv.

O.

OEUFS de caille , perdrix et faisans. Voyez *Chasse.*

OFFICIERS de la gendarmerie. Voyez *Procès verbaux.*

OFFICIERS de police judiciaire. Les fonctionnaires publics, ayant cette qualité, peuvent constater par des procès verbaux , les contraventions de police, et les délits relatifs à la chasse, à la pêche, même aux bois et forêts, 148 et suivant.

OFFICIERS des chasses. Ne peuvent, ainsi que les officiers forestiers, sans distinction , leurs enfans , gendres , frères , beaux - frères , oncles , neveux, cousins-germains , prendre part aux adjudications , 79. Voyez *Chasse.*

— forestiers. Sont responsables de leurs faits personnels , ainsi que des malversations , contraventions et négligences de leurs subordonnés , qu'ils n'auraient pas constatées , 74.

— Peines contre ceux qui seraient convaincus de supposition ou fraude dans leurs rapports, 75. — Ils ne peuvent donner aucune
permission de couper ou arracher aucun bois,
ni de mener pâturer les bestiaux dans les
forêts royales , *ibid.* — Ne peuvent tenir
taverne ni exercer aucun métier où l'on emploie le bois, *ibid.* — Furent autrefois chargés
d'exercer la juridiction contentieuse , concurremment avec les juges ordinaires, 131.
— Connurent ensuite , à l'exclusion de tous
autres juges, de tous procès civils et criminels en matière d'eaux et forêts , *ibid.* —
Maintenant ne sont plus que parties poursuivantes, *ibid.* — Peuvent constater par des
procès verbaux , faisant foi en justice , toutes
les contraventions aux lois rendues en matière
d'eaux et forêts , 142. — Ces procès verbaux
ne sont point soumis à l'affirmation comme
ceux des gardes, 144. — Sont chargés de
veiller à ce qu'il ne soit construit, sans autorisation , aucun moulin à scie , fourneaux ,
forges , martinets , verreries et autres établissemens qui occasionnent une augmentation
de feu , 148. — Mais ils remettent aux autorités administratives les procès verbaux par
lesquels ils ont constaté les contraventions de
ce genre, *ibid.* — Exercent une portion du

ministère public dans la poursuite des délits,
174. — L'action publique et l'action civile
sont en même temps par eux intentées, *ibid.*
Sont seuls chargés de la poursuite des délits,
181. — Ont une place particulière à la suite
du parquet du procureur du Roi et de son
substitut, 205. Voyez *Officiers de chasse.*

OFFICIERS *supérieurs des eaux et foréts.* Peuvent instruire les procédures contre les délinquans, jusqu'au mandat d'arrêt exclusivement, 144 et suivant. — Ils exercent cette
faculté dans les cas déterminés par la loi,
concurremment avec les fonctionnaires publics de l'ordre judiciaire, 147.

OPPOSITION. Voyez *Défaut, Recouvrement,
Tribunaux.*

ORME. Voyez *Arbre.*

Ouï de la cognée. Voyez *Adjudicataires.*

OUTREPASSE. Voyez *Adjudicataires.*

OUVRIERS. Voyez *Adjudicataires.*

P.

PACAGE. Voyez *Usagers.*

PANAGE. Lorsqu'il est reconnu qu'il y a suffisamment de glands et faînes, les officiers
forestiers font un état des porcs qui peuvent
être mis au panage, et du nombre de ceux
qu'y peuvent envoyer les usagers, 22. Voy.
Glandée.

Parcours. Voyez *Pâturage*, *Usagers*.

Parcs. Voyez *Bois de particuliers*.

Parois. Voyez *Arbres*.

Patis. Voyez *Bois communaux*.

Patres. Voyez *Bestiaux*, *Responsabilité*.

Pâturage. Il est défendu à toute personne ayant droit de panage dans les forêts et bois de toute espèce, d'y mener ou envoyer leurs bêtes à laine, chèvres, brebis ou moutons, ni même dans les landes et bruyères, places vaines et vagues, aux rives des bois et forêts, à peine de confiscation des bestiaux, et de trois francs d'amende pour chaque bête, 34. — Les bergers et gardes de telles bêtes, sont condamnés à dix francs d'amende pour la première fois, et à l'emprisonnement en cas de récidive, *ibid.* — Les maîtres et propriétaires sont civilement responsables des condamnations, 35. — Les droits de pâturage et de parcours dans les bois et forêts appartenant, soit à l'état, ou aux établissemens publics, soit aux particuliers, ne peuvent être exercés que dans les parties de bois qui ont été déclarées défensables par les officiers forestiers, *ibid.* — Les arrêts et coutumes qui déterminaient l'âge auquel les bois sont défensables, sont actuellement sans autorité, 36. — Les bestiaux doivent être menés et

gardés séparément , sans mélange de troupeaux d'autres lieux , 37. — Les usagers
doivent donner déclaration de leurs bestiaux ;
il en est fait un rôle , 38. — Les bestiaux
des usagers doivent être marqués d'une même
marque ; ils doivent être assemblés chaque
jour en un lieu à ce destiné, pour être conduits par un seul chemin , *ibid.* — Les particuliers sont tenus de mettre au col de leurs
bestiaux des clochettes, *ibid.* — Il n'est loisible
à aucun habitant de mener ses bestiaux à
garde séparée, 40. — Les gardes et pâtres
sont nommés annuellement à la diligence du
maire, *ibid.* — Ne peuvent, les usagers ,
prêter leurs noms et maisons aux marchands
et habitans des communes voisines , pour y
retirer leurs bestiaux, *ibid.* — Les officiers
forestiers doivent tenir la main à ce qu'il soit
fait et entretenu des fossés le long des routes
où les bestiaux passent pour aller au pâturage , 41. — Les usagers ne peuvent mener
leurs bestiaux pendant cinq ans , à compter
du jour de l'incendie , dans les landes et
bruyères où le feu a passé , ni en approcher
plus près de deux mille deux cent vingt-deux
mètres, 42.

PÊCHE. Les droits exclusifs de la pêche sont
abolis, 119. — Peines contre tout individu

qui n'étant ni fermier de la pêche, ni muni
d'une licence, pêche dans les fleuves et rivières navigables autrement qu'à la ligne flottante
tenue à la main, 119. — Les fermiers, les
porteurs de licence et les propriétaires riverains, ne peuvent exercer leurs droits qu'en
se conformant aux articles de l'ordonnance
rappelés par l'arrêté du directoire exécutif,
du 28 messidor an 6, 121. — La pêche ne peut
être exercée que depuis le lever jusqu'au
coucher du soleil. Exceptions à cette règle,
ibid. — Il est défendu aux pêcheurs de se
servir d'aucun engin et harnais prohibés par
les anciennes ordonnances, et de tous autres
inventés pour le dépeuplement des rivières,
122. — Nomenclature de divers moyens de
prendre le poisson, prohibés par l'ordonnance, 123. — Les pêcheurs doivent rejeter
en rivière le poisson qui n'a pas la taille requise par l'ordonnance, 125. — Peines contre
les contrevenans et les marchands qui auraient
vendu ou acheté de tels poissons. Les pêcheurs
ne peuvent tenir aucune sorte d'engins dans
leurs bateaux, *ibid.* — Les épaves ne peuvent être enlevées sans avoir été reconnues
et adjugées, 126. — Défenses de rompre la
glace, d'y porter flambeaux, brandons et
autres feux, *ibid.* — La pêche ne peut être

faite les jours de dimanches et fêtes , 127. — Il est défendu à toute personne de jeter des immondices , et de mettre les chanvres et lins rouir dans les rivières et étangs , à peine de confiscation et d'amende arbitraire , 129. Voyez *Délits de pêche* , *Gardes forestiers* , *Gardes pêche* , *Rivières non navigables* , *Procès verbaux*.

PEINES. Les complices d'un délit sont punis de la même peine que les auteurs même du délit , 2. — Aucune peine afflictive ou infamante n'est prononcée contre les auteurs des délits en matière d'eaux et forêts , *ibid*. — Les seules peines dont ils soient punis , indépendamment de la restitution et des dommages - intérêts , sont l'amende , la confiscation et l'emprisonnement , *ibid*. (Voyez ces mots.) — Il est défendu aux juges de prononcer des amendes et peines moindres que celles réglées par les lois , de les modérer ou changer après le jugement , 226. — Les tribunaux doivent avoir égard aux règlemens particuliers et d'exception qui modifient lesdites peines dans certaines localités , 227. — Il ne peut être fait don , remise ou modération des peines , avant ni après les jugemens , *ibid*. Voyez *Bois enlevé* , *recouvrement*

PÈRES. Voyez *Bestiaux* , *Chasse* , *Usagers*.

PERQUISITION. Lorsqu'il est nécessaire de faire la recherche d'objets enlevés en contravention des lois , le garde qui l'a jugé nécessaire requiert le commissaire de police, ou l'officier municipal qui en fait les fonctions , de l'accompagner dans cette perquisition , 160. — Exception à cette règle , *ibid.* Voyez *Commissaire de police , saisie.*

PIED CORNIER. Voyez *Arbres , Arpenteurs.*

PLACES COMMUNALES. Voyez *Arbres.*

PLAINTE. Voyez *Tribunaux de première instance.*

PLANTS D'ARBRES. Il est défendu d'en arracher dans les forêts royales, sans permission , à peine de punition exemplaire et de cinq cents francs d'amende , 10.

PLANTATIONS. Voyez *Maraudage , Riverains , Vol de bois.*

PORCS. Voyez *Cochons.*

PORT D'ARMES. Voyez *Chasse.*

POURVOI en cassation. Voyez *Cassation.*

PRESCRIPTION. Dans quels délais elle a lieu en matière de poursuites , 174 et suiv.

PREUVES. Il n'y a pas de délai de rigueur pour faire compléter la preuve d'un délit relatif aux eaux et forêts , 211. Voyez *Procès verbaux , Témoins.*

PROCÈS VERBAUX. Font foi en justice s'ils sont écrits

de la main du garde rapporteur, ou de celle d'un fonctionnaire ayant caractère public ; s'il n'y a inscription de faux, ou s'il n'est proposé de cause valable de récusation, 152. — Si le délit est de nature à emporter une condamnation à une amende et une indemnité excédant cent francs, le procès verbal doit être appuyé d'un témoignage, à moins qu'il ne soit signé et affirmé par deux gardes, 153. — Ne font pas foi absolue pour la constatation des réponses que les gardes prétendent leur avoir été faites par les délinquans, *ibid.* — Règles qui doivent être suivies dans la rédaction des procès verbaux, 155. — Ils doivent être rédigés en double minute sur papier timbré, 162. — Quels sont les procès verbaux qui sont écrits sur papier visé pour timbre, *ibid.* — Remise des procès verbaux, 169. — Les procès verbaux de délits de maraudage, vol et pâturage commis dans les bois de particuliers, peuvent être transmis par les propriétaires au substitut du procureur du Roi, ou aux juges de paix ou officiers de la gendarmerie, pour servir de dénonciation civique, 170. — Il peut être suppléé à un procès verbal déclaré nul, par une autre preuve, 209.

Procureurs du Roi. Représentent le gouver-

nement, tant en demandant qu'en défendant dans tous les procès, 215. — Peuvent
charger les gardes forestiers de capturer les
condamnés, 269.

Q.

Quart de réserve. Voyez *Bois communaux*.

Question incidente de propriété. Si, dans une
instance en réparation de délit, il s'élève
une question de cette nature, elle doit être
renvoyée devant l'autorité judiciaire ; et s'il
s'agit d'un terrain national, la partie qui en
excipe est tenue d'appeler le préfet, et de
lui fournir copie de ces pièces dans huitaine, à défaut de quoi il est provisoirement passé outre au jugement du délit, 212.

R.

Rapatronage. Est indispensable pour constater
l'identité du bois saisi chez un prévenu, avec
celui qui a été enlevé de la forêt, à moins
qu'il n'existe d'autres preuves de l'identité
des bois, 161.

Receveurs de l'enregîtrement. Voyez *Bestiaux*, *Jugement*, *Recouvrement*.

Récolement. Voyez *Prescription*.

Recours en cassation. Voyez *Cassation*.

Recouvrement. Diligences à faire de la part
des receveurs de l'enregîtrement et des per-

cepteurs des deniers communaux , pour le recouvrement du montant des condamnations , 263. Voyez *Certificats d'indigence*, *Contrainte par corps* , *Frais* , *Jugemens*.

RÉCUSATION. Voyez *Procès verbaux*.

REMPLAGE. Voyez *Adjudicataire* , *Officiers forestiers*.

RESPONSABILITÉ. Les marchands , maîtres de forges , fermiers , usagers , riverains et autres occupant les maisons , fermes et autres héritages dans l'enclos , et à huit kilomètres des forêts royales , sont responsables civilement de leurs commis , charretiers , pâtres et domestiques , 11. Voyez *Bestiaux*, *Chasse*, *Pâturage*.

RESTITUTION. Emporte contrainte par corps, 3. — Les restitutions , dommages et intérêts doivent être adjugés , pour tous délits , au moins à pareille somme que porte l'amende , 2. Voyez *Amende* , *Peines* , *Recouvrement*.

RIVERAINS possédant bois joignant les forêts et buissons royaux , sont tenus de les en séparer par des fossés qu'ils entretiendront , à peine de réunion , 29. — Il est défendu de planter bois à 714 mètres des forêts royales , sans permission expresse , à peine de cinq cents francs d'amende et de confiscation , 30.

— Il est aussi défendu de construire aucuns châteaux, fermes et maisons dans l'enclos, aux rives et à 2 kilomètres des forêts royales, à peine d'amende et de confiscation, 3o — Cas où la démolition de ces bâtimens doit être poursuivie avec rigueur, *ibid.* — Voyez *Tranchées, Responsabilité.*

Rivières navigables. Voyez *Pêche.*

— non navigables. Le droit d'y pêcher appartient aux propriétaires riverains, 127. — Ce droit ne peut être exercé qu'en se conformant aux lois de police rendues sur la pêche, *ibid.*

— Les communes riveraines sont tenues d'affermer ce droit, *ibid.* — Les particuliers, autres que les adjudicataires, ne peuvent pêcher dans les eaux, étangs, rivières, fossés, marais et pêcheries communes, 128. — Peines contre les contrevenans, *ibid.* — Les riverains peuvent empêcher toute personne de pêcher le long de leurs propriétés, et faire condamner les contrevenans aux mêmes peines que ceux qui pêchent dans les fleuves et rivières navigables, sans en avoir le droit, *ibid.* Voyez *Gardes forestiers, Gardes pêche, Pêche.*

Routes. Les usagers et autres personnes trouvées de nuit dans les forêts royales, hors les routes et grands chemins, avec serpes, haches,

haches, scies ou cognées, sont emprisonnées
et condamnées, pour la première fois, à six
francs d'amende, et à vingt francs la seconde,
19. Voyez *Arpenteurs, Bestiaux.*

RUISSEAUX. Voyez *Gardes pêche.*

S.

SABLE. Il est défendu d'extraire sable, terre,
marne et argile dans l'étendue et aux reins
des forêts royales, sous peine de cinq cents
francs d'amende et de confiscation des chevaux et harnais, 18.

SABOTIERS. Voyez *Ateliers.*

SAISIE. Les gendarmes royaux et les huissiers
doivent procéder, lorsqu'ils en sont requis,
à la saisie des bois coupés en délit, vendus
ou achetés en fraude, à la charge de ne
pouvoir en faire la perquisition qu'en présence d'un officier municipal qui ne peut s'y
refuser, 152.

SAPIN. Voyez *Arbres.*

SAULE. Voyez *Arbres.*

SCIE. Voyez *Adjudicataires, Arbres.*

SCIERIES. Voyez *Maronage, Moulins à scie.*

SIGNIFICATIONS. Les officiers forestiers doivent
combiner les significations de manière à en
faire faire plusieurs à la fois dans le même
canton, par le même huissier, qui ne peut

exiger qu'un seul droit de transport, 273.
Voyez *Huissiers*, *Recouvrement*.

Souches. Voyez *Adjudicataires*.

Surmesure. Voyez *Adjudicataires*.

T.

Tarif pour la fixation des amendes au pied de
tour, appliqué aux mesures nouvelles. (Voyez
ce tarif à la fin du texte).

Taverne. Voyez *Officiers forestiers*.

Taxe des actes. Voyez *Gardes royaux*.

Témoins. Peuvent être entendus pour constater
un délit, à défaut de procès verbal ou rapport, 132. — Serment qu'ils sont tenus de
prêter, 207. — Quels sont les parens et alliés
du prévenu qui ne peuvent être entendus
comme témoins, *ibid.* — Peines encourues
par les témoins qui ne satisfont point à la
citation, 208. — Cas où il peut être entendu
des témoins en matière de délits forestiers,
209 et *suiv.* — Les receveurs de l'enregîtrement dressent, à la fin de chaque trimestre,
des états distincts et séparés, des salaires
des témoins qui ont pu être administrés par
les officiers forestiers, 270. — Formalités
auxquelles ces états sont soumis, 271. Voyez
Audience, *Appel*.

Terre. Voyez *Sable*.

Terriers. Voyez *Chasse*.

Tiers et Danger. Voyez *Bois tenus en tiers et danger.*

Tilleul. Voyez *Arbres.*

Tournans. Voyez *Adjudicataires.*

Tourneurs. Voyez *Ateliers.*

Tranchées. Voyez *Arpenteurs.*

Tribunaux de police. Ils connaissent des contraventions forestières poursuivies à la requête des particuliers, 191. — Ne peuvent, en aucun cas, connaître des délits de chasse et de pêche, *ibid.* — Leur organisation, 192.

Les citations devant ces tribunaux sont données à la requête du ministère public ou de la partie plaignante, 195. — Elles sont notifiées par un huissier, *ibid.* — Intervalle nécessaire entre la citation et la comparution. — Les parties peuvent comparaître volontairement. — Ce que peut faire le juge de paix avant l'audience, 197. — Comparution de la personne à l'audience, 203. — L'instruction est publique, 204. — Ordre dans lequel elle se fait, *ibid.* et suiv. — Le tribunal de police, suivant les divers cas, annulle la citation, ou renvoye les parties devant le procureur du Roi, ou prononce la peine, 219. — Le jugement définitif de condamnation est motivé, et les termes de la loi appliquée y sont insérés. Il y est fait mention s'il est rendu en dernier ressort, 220. — Les minutes des jugemens sont signées, *ibid.* — Extraits doivent en être envoyés au procureur du Roi, pour être déposés au greffe, et en être rendu compte au procureur général, 221. Voyez *Cassation*, *Défaut*, *Peines*.

Tribunaux de première instance, en séance de police correctionnelle, connaissent de tous les délits forestiers, poursuivis à la requête de l'administration forestière, et de tous les délits poursuivis par les particuliers, dont la peine excède cinq jours d'emprisonnement et quinze francs d'amende, 193. — Comment sont saisis de la connaissance des affaires, 197. — La citation contient élection de domicile, énonce les faits, et tient lieu de plainte, 198. — Intervalle à observer entre la citation et la comparution, *ibid.* — Les huissiers sont chargés des significations, 199. — Les gardes généraux et particuliers peuvent aussi faire des citations, *ibid.* — L'exploit de citation est précédé de la copie du procès verbal qui a donné lieu à la poursuite, 201. — Enregistrement des exploits de citation, 202. — L'inspecteur forestier demande au président du tribunal d'assigner un jour périodique pour le jugement des affaires forestières, 205. — Il fournit au procureur du Roi les mémoires

nécessaires pour obtenir de prompts jugemens , 205. — L'instruction se fait à l'audience ; ordre dans lequel il y est procédé ,
206. — Audition des témoins ; cas où il peut
en être appelé, 207. — Les jugemens de ces
tribunaux ne peuvent être rendus par moins
de trois juges , 221. — Cas dans lesquels le
tribunal casse la citation , prononce la peine,
ou renvoie les prévenus devant le juge d'instruction compétent , 222. — Le dispositif du
jugement déclare les faits et contient les termes de la loi pénale, le tout à peine de nullité , 223. — Envoi de l'extrait de chaque
jugement au procureur général , 224. Voyez
Appel, *Avoués* , *Cassation* , *Défaut* , *Juges*
de paix , *Peines* , *Preuves.*

Troupeaux. Voyez *Dégâts* , *Pâturage.*

U.

Urgente nécessité. Voyez *Bois de particuliers.*
Usagers. Sont les particuliers ou les communes qui ont le droit de faire paître leurs bestiaux ou de prendre du bois dans les forêts,
34. — Ceux qui refuseraient de porter du
secours en cas d'incendie , seraient privés de
leurs droits dans la forêt, 42. — Sont assimilés aux adjudicataires des ventes pour
l'exploitation des bois et la responsabilité, 45.

— Ne peuvent faire l'élagage des arbres de
bordure des forêts sous aucun prétexte, 49.
Voyez *Affouage*, *Chablis*, *Glandée*, *Maronage*, *Panage*, *Pâturage*.

USUFRUITIERS. Voyez *Bestiaux*, *Bois de particuliers*, *Concessionnaires*.

V.

VACANS. Voyez *Arbres*.

VACHES. Voyez *Bestiaux*.

VANNIERS. Voyez *Ateliers*.

VEAUX. Voyez *Bestiaux*.

VENTES extraordinaires. Ne peuvent avoir lieu
dans les forêts, bois et buissons royaux qu'en
vertu d'une ordonnance du Roi, à peine de
restitution du quadruple contre les adjudicataires, 49. Voyez *Bois tenus en gruerie*.

VENTES d'objets séquestrés. Voyez *Juges de paix*.

— ordinaires. Ne peuvent avoir lieu dans les
forêts, bois et buissons royaux, qu'en vertu
d'une autorisation de l'administration générale des domaines et forêts, à peine de restitution du quadruple contre les adjudicataires, 49. Voyez *Bois communaux*, *Bois
tenus en gruerie*.

VERRERIES. Voyez *Officiers forestiers*.

VOL de bois coupé et façonné n'est point un
simple délit forestier, 6. — Ce délit doit

être puni d'après les dispositions du code pénal, 6.

Vol de bois taillis, futaies et autres plantations d'arbres des particuliers ou des communautés, exécuté à charge de bêtes de somme ou charrettes, est puni de détention et d'une amende triple de la valeur du dédommagement dû au propriétaire, 83.

Fin de la Table.

ERRATA ET ADDENDA.

Page 2, *aux notes*, 22 juillet 1771, lisez : 1791.
Page 152, après ce titre : *Des procès verbaux*,
 ajoutez : Tout procès verbal doit être écrit
 de la main du garde rapporteur, ou de celle
 d'un fonctionnaire ayant caractère public,
 à peine de nullité. (*)

(*) Ordonnance de 1669, tit. X, art. 2. — Loi
du 25 décembre 1790. — Loi du 5 janvier 1791. —
Loi du 29 septembre 1791, tit. IV, art. 10. — Arrêt
de la Cour de cassation, du 21 avril 1817.

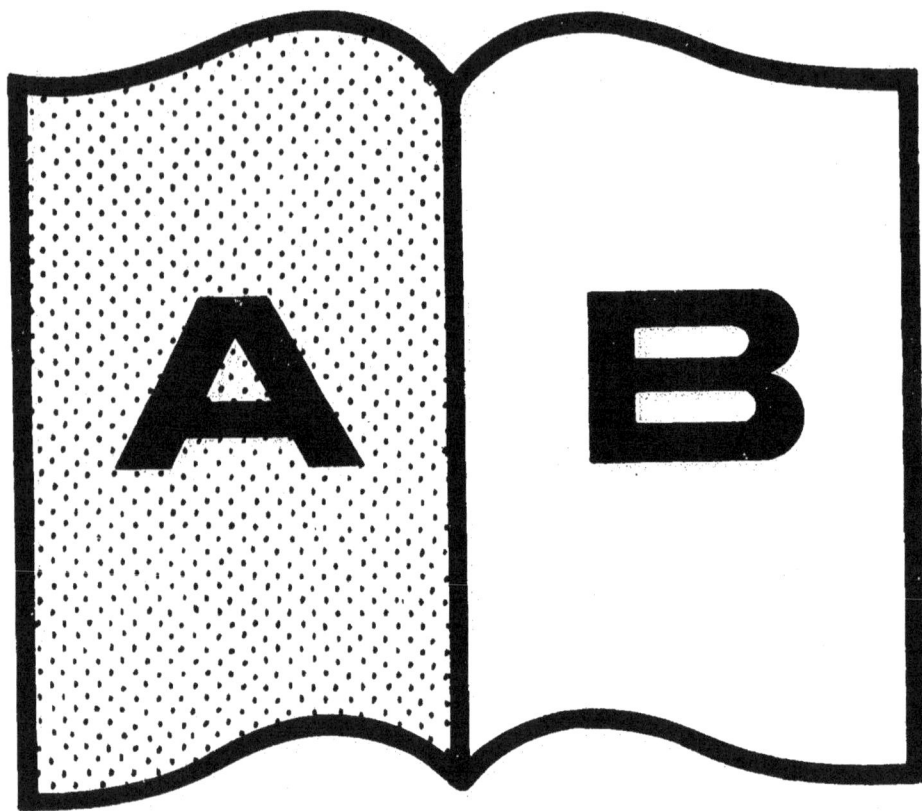

Contraste insuffisant

NF Z 43-120-14

www.ingramcontent.com/pod-product-compliance
Lightning Source LLC
Chambersburg PA
CBHW052102230326
41599CB00054B/3618